徐福东渡传说

徐福东渡传说

总主编 金兴盛

浙江省非物质文化遗产代表作丛书

浙江摄影出版社

盛鑫夫 方印华 郭竞

孙伟 编著

总 序

中共浙江省省委书记
省人大常委会主任　夏宝龙

　　非物质文化遗产是人类历史文明的宝贵记忆，是民族精神文化的显著标识，也是人民群众非凡创造力的重要结晶。保护和传承好非物质文化遗产，对于建设中华民族共同的精神家园、继承和弘扬中华民族优秀传统文化、实现人类文明延续具有重要意义。

　　浙江作为华夏文明发祥地之一，人杰地灵，人文荟萃，创造了悠久璀璨的历史文化，既有珍贵的物质文化遗产，也有同样值得珍视的非物质文化遗产。她们博大精深，丰富多彩，形式多样，蔚为壮观，千百年来薪火相传，生生不息。这些非物质文化遗产是浙江源远流长的优秀历史文化的积淀，是浙江人民引以自豪的宝贵文化财富，彰显了浙江地域文化、精神内涵和道德传统，在中华优秀历史文明中熠熠生辉。

　　人民创造非物质文化遗产，非物质文化遗产属于人民。为传承我们的文化血脉，维护共有的精神家园，造福子孙后代，我们有责任进一步保护好、传承好、弘扬好非物质文化遗产。这不仅是一种文化自觉，是对人民文化创造者的尊重，更是我们必须担当和完成好的历史使命。对我省列入国家级非物质文化遗产保护名录的项目一项一册，编纂"浙江省非物质文化遗产代表作丛书"，就是履行保护传承使命的具体实践，功在当代，惠及后世，有利于群众了解过去，以史为鉴，对优秀传统文化更加自珍、自爱、自觉；有利于我们面向未来，砥砺勇气，以自强不息的精神，加快富民强省的步伐。

党的十七届六中全会指出，要建设优秀传统文化传承体系，维护民族文化基本元素，抓好非物质文化遗产保护传承，共同弘扬中华优秀传统文化，建设中华民族共有的精神家园。这为非物质文化遗产保护工作指明了方向。我们要按照"保护为主、抢救第一、合理利用、传承发展"的方针，继续推动浙江非物质文化遗产保护事业，与社会各方共同努力，传承好、弘扬好我省非物质文化遗产，为增强浙江文化软实力、推动浙江文化大发展大繁荣作出贡献！

（本序是夏宝龙同志任浙江省人民政府省长时所作）

前　言

浙江省文化厅厅长　金兴盛

　　国务院已先后公布了三批国家级非物质文化遗产名录,我省荣获"三连冠"。国家级非物质文化遗产项目,具有重要的历史、文化、科学价值,具有典型性和代表性,是我们民族文化的基因、民族智慧的象征、民族精神的结晶,是历史文化的活化石,也是人类文化创造力的历史见证和人类文化多样性的生动展现。

　　为了保护好我省这些珍贵的文化资源,充分展示其独特的魅力,激发全社会参与"非遗"保护的文化自觉,自2007年始,浙江省文化厅、浙江省财政厅联合组织编撰"浙江省非物质文化遗产代表作丛书"。这套以浙江的国家级非物质文化遗产名录项目为内容的大型丛书,为每个"国遗"项目单独设卷,进行生动而全面的介绍,分期分批编撰出版。这套丛书力求体现知识性、可读性和史料性,兼具学术性。通过这一形式,对我省"国遗"项目进行系统的整理和记录,进行普及和宣传;通过这套丛书,可以对我省入选"国遗"的项目有一个透彻的认识和全面的了解。做好优秀传统文化的宣传推广，为弘扬中华优秀传统文化贡献一份力量，这是我们编撰这套丛书的初衷。

地域的文化差异和历史发展进程中的文化变迁，造就了形形色色、别致多样的非物质文化遗产。譬如穿越时空的水乡社戏，流传不绝的绍剧，声声入情的畲族民歌，活灵活现的平阳木偶戏，奇雄慧點的永康九狮图，淳朴天然的浦江麦秆剪贴，如玉温润的黄岩翻簧竹雕，情深意长的双林绫绢织造技艺，一唱三叹的四明南词，意境悠远的浙派古琴，唯美清扬的临海词调，轻舞飞扬的青田鱼灯，势如奔雷的余杭滚灯，风情浓郁的畲族三月三，岁月留痕的绍兴石桥营造技艺，等等，这些中华文化符号就在我们身边，可以感知，可以赞美，可以惊叹。这些令人叹为观止的丰厚的文化遗产，经历了漫长的岁月，承载着五千年的历史文明，逐渐沉淀成为中华民族的精神性格和气质中不可替代的文化传统，并且深深地融入中华民族的精神血脉之中，积淀并润泽着当代民众和子孙后代的精神家园。

岁月更迭，物换星移。非物质文化遗产的璀璨绚丽，并不意味着它们会永远存在下去。随着经济全球化趋势的加快，非物质文化遗产的生存环境不断受到威胁，许多非物质文化遗产已经斑驳和脆弱，假如这个传承链在某个环节中断，它们也将随风飘逝。尊重历史，珍爱先人的创造，保护好、继承好、弘扬好人民群众的天才创造，传承和发展祖国的优秀文化传统，在今天显得如此迫切，如此重要，如此有意义。

非物质文化遗产所蕴含着的特有的精神价值、思维方式和创造能力，以一种无形的方式承续着中华文化之魂。浙江共有国家级非物质文化遗产项目187项，成为我国非物质文化遗产体系中不可或缺的重要内容。第一批"国遗"44个项目已全部出书；此次编撰出版的第二批"国遗"85个项目，是对原有工作的一种延续，将于2014年初全部出版；我们已部署第三批"国遗"58个项目的编撰出版工作。这项堪称工程浩大的工作，是我省"非遗"保护事业不断向纵深推进的标识之一，也是我省全面推进"国遗"项目保护的重要举措。出版这套丛书，是延续浙江历史人文脉络、推进文化强省建设的需要，也是建设社会主义核心价值体系的需要。

在浙江省委、省政府的高度重视下，我省坚持依法保护和科学保护，长远规划、分步实施，点面结合、讲求实效。以国家级项目保护为重点，以濒危项目保护为优先，以代表性传承人保护为核心，以文化传承发展为目标，采取有力措施，使非物质文化遗产在全社会得到确认、尊重和弘扬。由政府主导的这项宏伟事业，特别需要社会各界的携手参与，尤其需要学术理论界的关心与指导，上下同心，各方协力，共同担负起保护"非遗"的崇高责任。我省"非遗"事业蓬勃开展，呈现出一派兴旺的景象。

"非遗"事业已十年。十年追梦，十年变化，我们从一点一滴做起，一步一个脚印地前行。我省在不断推进"非遗"保护的进程中，守护着历史的光辉。未来十年"非遗"前行路，我们将坚守历史和时代赋予我们的光荣而艰巨的使命，再坚持，再努力，为促进"两富"现代化浙江建设，建设文化强省，续写中华文明的灿烂篇章作出积极贡献！

2013年11月20日

目录

徐福东渡传说溯源

徐福东渡传说有着悠久的历史和深刻的背景，最早的记述见于司马迁所著《史记》的多个章节之中。徐福东渡是秦代一次规模宏大的移民活动。由于徐福率大批工匠及三千童男童女渡海去而未归，留下了众多的遗迹及与之相关的各类传说，直至今天仍广为流传。

徐福东渡传说溯源

徐福东渡传说有着悠久的历史和深刻的背景，最早的记述见于司马迁所著《史记》的多个章节之中。徐福东渡是秦代一次规模宏大的移民活动。由于徐福率大批工匠及三千童男童女渡海去而未归，留下了众多的遗迹及与之相关的各类传说，直至今天仍广为流传。这些传说类型丰富，内容曲折，情节生动，人物鲜活，流布广泛，在日本、韩国等地也有着深远的影响，堪称我国民间文学史上一朵奇葩。

[壹]徐福东渡传说的文字记载

徐福东渡传说由来已久，历史文献和诗文中都记录了很多徐福东渡传说，散见于各个时代，流传于我国沿海多处地区。

（一）历代史书记载的徐福东渡传说

徐福的故事最早见于司马迁所著《史记》的多个章节中，如"秦始皇本纪"和"淮南衡山列传"（在"秦始皇本纪"中称"徐市"，在"淮南衡山列传"中称"徐福"）。对于徐福东渡出海，《史记·秦始皇本纪》记载，公元前219年，"齐人徐市等上书，言海中有三神山，名曰蓬莱、方丈、瀛洲，仙人居之，请得斋戒……入海求仙人"；隔年

史记今注（第一册）

侯武信侯冯毋择、丞相隗林、丞相王绾、卿李斯、卿王戊、五大夫赵婴、五大夫杨樛等议论于海上，曰：「古代的帝王，地方不过千里，诸侯各自领守自己的封土，或者来朝，或者不来朝，彼此之间，互相侵略扰乱。

（二）古来的五帝三王，知识与教育水准不同，就这样，他们还要刻上自己作为纪念。威力，以欺骗远方的人民；实际的本领和他们的名称，法令也行不通了。完全不相符合，所以不能长久。（三）现今我们的皇帝统一了天下，他们的身体还没有死亡以前，诸侯就背叛他们，毁谤了真理（道），推行了德政，所以刻之于金石，以纪为郡县，天下和平无事，昭明了宗庙的祖先。（四）我们大家一致称颂皇帝的功德，所以刻名了「始皇」的尊号。个地方。」

既已，齐人徐市等上书，言海中有三神山，名曰蓬莱、方丈、瀛州之。请得斋戒，与童男女求之。于是遣徐市发童男女数千人，入海求僊人

【注】
（一）汉书郊祀志云：「此三神山者，其传在渤海中，去人不远；盖尝有至者，诸仙人及不死之药皆在焉。其物禽兽尽白，而以黄金白银为宫阙。未至，望之如云；及至，三神山乃反居水下，临之，风辄引船而去，终莫能至云。世主莫不甘心焉」。
（二）括地志云：「……秦始皇使徐福将童男女入海求仙人，止在此洲，共数万家，至今洲上人有至会稽市易者。……云：……亶州去琅邪万里」。

《史记·秦始皇本纪》内页书影

之后，徐福二见秦始皇，伪称自己已至仙山，并且见到起死回生药，但"秦王之礼薄，得见而不可取"。于是秦始皇"遣振男女三千人，资之良种百工"。徐福在河北千童附近招募、培训童男童女，打造楼船，并在东南沿海搜寻仙山，数岁而不得，费多，恐谴，值秦始皇东巡会稽，徐福乃三见秦始皇，诈曰："蓬莱药可得，然常为大鲛鱼所苦，故不得至，愿请善射者与俱，见则以连弩射之。"其结局如《史记·淮南衡山列传》所载：徐福东渡"得平原广泽，止王不来"。

《三国志·吴书·吴主权传》内页书影

之后的《三国志·吴书·吴主权传》记载:"亶洲在海中,长老传言,秦始皇帝遣方士徐福将童男童女千人入海,求蓬莱神山及仙药,止此洲不还。世相承有数万家,其上人民,时有至会稽货布,会稽东(冶)县人海行,亦有遭风流移至亶洲者。所在绝远,卒不可得至,但得夷洲数千人还。"

《后汉书》"东夷列传"也有提及徐福东渡之事。《三国志》提到了徐福到达亶洲(一作"澶洲")并滞留不归。在《三国志》的记载中，亶洲与夷洲同在中国外海的东南方向，并相距不远。有人认为夷洲就是台湾，亶洲就是日本，与倭国是一个地方两个名字。《三国志》"魏志倭人传"记载倭国"计其道里，当在会稽东冶之东"，说明那时候中国人认为倭国在中国外海的东南方向。《后汉书》也是同样的记录，但说东鳀人是其后人。

到了五代时期的后周时，济州开元寺僧人义楚在《义楚六帖》（又称《释氏六帖》）卷二十一"国城州市部"的"城郭·日本"中，首次明确提到徐福最终到达的是日本（也叫"倭国"），当时的日本秦氏（日本古代渡来豪族）为其后代，仍自称秦人。并说徐福到达后，将富士山称为"蓬莱"。此为目前所知最早明确指出徐福滞留不归之地是日本的中国文献。不过有观点认为，义楚的记载很可能和日本的传说有关。因为义楚有一个日本醍醐天皇时代的僧人好友叫宽辅（法号弘顺大师，927年到达中国），义楚没有到过日本，关于富士山的记载很显然来自他的日本好友的说法。

宋代欧阳修的《日本刀歌》明确指明徐福所滞留的地方就是日本，并且认为徐福东渡时携带了大量的典籍，才使得秦始皇"焚书坑儒"时遭毁的典籍在日本得以保留。但是这种说法的真实性难以考证。1339年，日本南朝大臣北畠亲房所著《神皇正统记》将此事作为信史记录，称"孔子全经唯存日本矣"。

日本最早出现的徐福东渡到日本的记录是1339年日本南朝大臣

北畠亲房所著《神皇正统记》。而成书于8世纪时的日本典籍《古事记》和《日本书纪》只提到了秦朝人移民到日本的情况，没有徐福东渡的记载。有观点认为这是因为中国8世纪时尚未明确提出徐福东渡所到之地就是日本。最早提到徐福的是源隆国的《今昔物语》。

（二）文学作品记载的徐福东渡传说

最早将徐福东渡当作传说来记述的，是成书于唐代的《仙传拾遗》。这一传说的大致内容是：在秦代时，大宛国中有很多枉死之人。后来有一只神鸟衔了仙草，盖在死者脸上，死者就能复活。秦始皇闻后，派人去问鬼谷先生。鬼谷说，这种草是东海祖洲之中的神芝，一株草可让一千人复活。于是秦始皇就派徐福带三千童男童女乘楼船入海寻神芝草，但一直没有回来。后来有一个叫沈羲的人得道，黄老派徐福乘白虎车去迎接，这才知道原来徐福已经得道成仙了。到了唐开元年间，有一个人患病，半身枯黑，医生不能治，有人提出去求徐福。几个人带了礼物从登州出发，行了十日，看到海中一孤岛，就上岸。岛上有数百人，患者问一洗衣服的妇人这是什么地方，妇人说这里是徐福居住处。这时，有很多人像朝拜皇帝一样在拜一个白发白须的老人，原来此人就是徐福。求医者前去谒见，并告以病情。徐福说，你幸亏遇见我，否则就没救了。徐福派人给这些人准备了美食，但盛物的器皿都很小。大家都觉得徐福很小气。徐福说，你们能把这些东西吃完，我再给你们添上，只怕你们吃不完。果然，

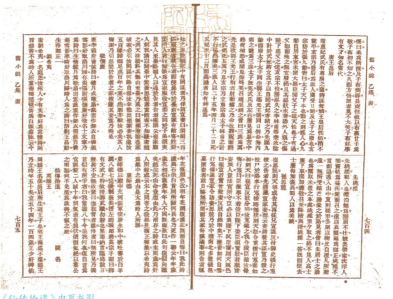

《仙传拾遗》内页书影

这小器皿内食品尚未吃完，大家就都酒足饭饱了。第二天，徐福取出黑色的小药丸让患者吞下。不一会儿，患者就拉出了很多黑痢，病也就痊愈了。这位病人要求留下来。徐福说，你是有禄位之人，不便留下。我会用东风送你回去，你不要愁太遥远。临行前又送给他一袋黄色的药丸，说，这药能治一切病，如有患者，可以用刀剖开以水调饮。不日离岛，几天后回到登州。这名患者向唐玄宗奏报了所遇的一切，并献上那袋黄色药丸。唐玄宗将药分送给患病之人服用，果然病都好了。

　　这则传说带有明显的道教色彩，是古人将岐黄之术与老庄之道合为一体，将方士、道士、巫术、炼丹视为通神之术及成仙之途的真实写照，对象山、慈溪等地有关徐福东渡的传说产生了一定的影响。

　　（三）浙江当地历史文献记载的徐福东渡传说

　　在浙江省象山、慈溪地区，关于徐福的记载十分丰富，绵延不绝。有关徐福隐居象山的情景，地方文献多有记载。其中如唐《蓬莱观碑》记："秦始皇帝使乎仙岛辈，徐福也，使泛沧海，访神仙之术于蓬莱山。药灶踪残，丹井泉在。"描述了徐福隐居象山的修炼生活。

　　至宋代，刘攽《彭城集》写道："象山绝处海上，旧说徐福为秦皇帝以千童子求神仙，道海过此是也。"民国志按：盖福出夷洲、亶洲，自其时鄞县发舟，在今象山境，故象山蓬莱观有其遗迹。

　　民国期间，《象山县志·寓贤传》记载："秦徐市，一名福，盱眙人。始皇好神仙，使市将童男女往东海求蓬莱三岛诸仙山。象之西山名小蓬莱，市居焉。始皇东巡至鄞。市发舟，至悬海夷、亶二洲而止。旧有遗像在蓬莱观。"

　　徐福东渡后，历代的象山人都把他看作自己人，归入《寓贤集》，对于这位"寓贤"，象山人民时萦于怀。许多文人以诗言志，象山县徐福研究会在《徐福与象山》一书中共收录四十余首此类诗作,包括宋林旦的《蓬莱泉》、元袁士元的《赠樊天民归象山》、明邵景尧的《馆中杂咏》以及清姜炳璋的《蓬莱山九咏》等。此外,亦有人为之撰文,《徐福与象山》中共收录九篇,包括宋刘渭的《蓬莱山寿圣禅院记》、元吴澄的《大瀛海道院碑记》、明周应兵的《重建丹山石屋记》和清丁谦的《蓬莱轩记》等。

其中有吴越王钱镠九世孙、宋代钱延庆的《蓬莱山》诗:"摄衣徐步上蓬莱,古径林深长翠苔。欲访炼丹人不见,春风依旧碧桃开。"

明代以礼部侍郎衔出使日本和朝鲜的外交官俞士吉是象山人,从小熟知徐福当年隐迹蓬莱观、用丹井之水、炼丹于石屋洞的故事。一次,他重游徐福生活过的蓬莱山,睹物思人,以《蓬岛春光》为题作诗,在思念中寄寓了祝福:"碧桃春醉地仙家,蓬岛晴光丽物华。丹井砂明金作底,石田烟暖玉生芽。庭前鹤映三花树,洞口人酣五色霞。更倚东风望瀛海,楼船应是到天涯。"

清代进士姜炳璋《蓬莱山九咏》曰:"浙东三蓬莱,兹山不甚著。既为贞白淆,又为丹山误。徐市入亶洲,乃在山中住。不见金银台,犹见秦时树。童子松间来,为扣蓬莱路。脉脉无所言,却向山前去。"

清代象山人倪象占《象山杂咏》曰:"见泊新罗山下舟,昔年徐福去何求。真迹只在蓬莱观,能信楼船至祖州。"

元代王传宗《炼丹山井亭记》则记录了徐福在象山的隐居生活："象邑蓬莱之名奚始乎？祖龙氏命徐福涉蓬莱山，掇长生不死药，憩兹筑庐，凿井以观焉。"

慈溪当地的文献中亦有记载："大蓬山又名达蓬山，在县东北三十五里，上有岩高五六丈，左右二崖对峙如斗鸡石。秦始皇东游，欲自此入蓬莱仙界，故名"。"秦始皇登此山，谓可以达蓬莱而东眺沧海，方士徐福之徒，所谓跨溟濛，泛烟涛，求仙药而不返者"。"千人坛在县西南十五里，高数仞，登山望秩，以求神仙。（始皇）至此见群峰连延，东入于海，乃命方士徐福立坛祈祷，因以为名"。

[贰]徐福东渡传说的相关遗迹

徐福东渡，途经我国东部沿海众多地区停靠，留下了众多传说遗迹。

（一）浙江的徐福东渡传说遗迹

1.象山的徐福东渡传说遗迹。

蓬莱山：象山蓬莱山，位于象山县城之西北。相传徐福为秦始皇求长生不老之药，留此筑庐凿井。或许是因为后世众多"仙友"如安期生、陶弘景等人循迹而来，修道炼丹，故蓬莱山又被当地居民称为"丹山"。其山势平缓，主峰桂花岩居中，海拔380米。西南有千丈岩，海拔339.1米，其东依次有海拔260米的圆峰及沙地岗、鲫鱼山，东南为东塘山。传说山间还有一块蓑衣岩，石碑上所刻文字"了不

蓬莱山

可识"，不似蝌蚪文，不似隶书，也不像石鼓文形体，但历代考证又属于先秦时期秦未统一中国时的文字，所以虽内容不甚清楚，但却与来到象山隐居、炼丹的方士徐福渊源颇深。当地流传着《徐福留字》、《徐福点化水牯岩》等传说故事与其有关，只是蓑衣岩在20世纪开山采石过程中被采挖而失去踪迹。

丹井（蓬莱泉）：位于象山蓬莱山（现丹山）麓，在今丹西街道，外国语学校西墙外。相传，秦方士为秦始皇求长生不老之药南

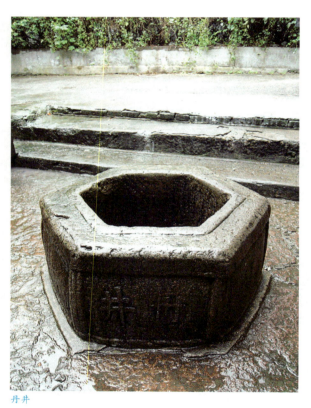

丹井

下，以象山为蓬莱山筑观凿井。南朝梁陶弘景（字贞白）于此修道炼丹，投丹于井，故名"丹井"。清乾隆年间《象山县志》载："泉可透锡，饮之可以已疾。"故又有"透瓶泉"之称。井体石砌，深2.47米，口径0.51米。元王传宗《井亭记》载："象邑蓬莱之名，灵始乎，祖龙氏命徐福涉蓬莱山求长生不死之药，憩兹筑庐，凿井以观焉。"

蓬莱观：《宝庆四明志》"宫观"载："栖霞观，县西南二百五十步蓬莱山之下，旧名蓬莱观，秦徐福、梁陶弘景皆隐迹于此。隋大业元年废。唐天宝十三年（754年），台州刺史袁仲宣复置。

蓬莱观（老照片）

大中元年（847年）令杨弘正告于明州刺史李敬方重修，孙谏卿记。皇朝治平二年（1065年）改赐今额，淳熙末道士迁其观于山之西。嘉定十三年（1220年），道士张大原于旧址重建。"蓬莱观历史上多有修葺，后圮。今人于蓬莱山石屋建有蓬莱阁。新蓬莱观已于2011年在凤山头易地重建。

　　石屋：石屋位于蓬莱山腰，唐《蓬莱观碑》云："闻图经宝书之蓬莱山，其迹近古。昔相语秦始皇帝使乎仙者辈徐福也。使泛沧海，访神仙之术于蓬莱山。此□□□游止之，药灶踪残，丹井泉在，观名焉自福。"徐福求仙曾炼丹于此。清倪象占《蓬莱清话》云："所谓

石屋

丹灶，今之石屋是也，形相似也，以唐宋未尝言山有石屋是也。"

　　大雷山秦始皇庙：据民国《象山县志》记载，墙头大雷山下曾有秦始皇庙。秦始皇庙倒塌，记于清雍正《象山县志》。估计倒塌时间距今二百八十年左右。经过几番调查，研究人员揣测大雷山下茅山水库最有可能是秦始皇庙庙址。大雷山位于蓬莱山西南，墙头、茅洋之间，屹立于西沪港畔，主峰大雷山海拔590米，其南有小大雷山，海拔544米。民国《象山县志》称"其山含岈奇崛，如屏阁，如葆盖，如鸥之搏，如虬之攫，怪石危岩不可名状。山上有大雷寺、大雷庙、秦始皇庙等"。大雷山秦始皇庙，久圮。明嘉靖《宁波府志》载："而

大雷山秦始皇庙遗址

象之西山，名小蓬山者，市（徐福）遂居焉。始皇闻之，驯至鄞三十日。发舟至悬海彝、宣二洲以返。今大雷有始皇庙，岂以其经历之所而祀之与？"把大雷山建秦始皇庙与徐福隐居象山蓬莱和秦始皇闻此消息而南巡会稽鄞地相联系，似乎成理，但象山徐福研究者认为，极可能是徐福所率的童男童女希望秦始皇延年长寿，能活到徐福取回长生不老药后，他们也就能够完成使命，回家和父母团圆而建。因为秦始皇毕竟没有到过象山，"以其经历之所而祀之"似不确。

拢船境：拢船境在今象山县丹城镇西门蓬莱山下龙泉井一带。民国《象山县志》中曾写作"垄船径"。《西城杂录》记载："盖未立

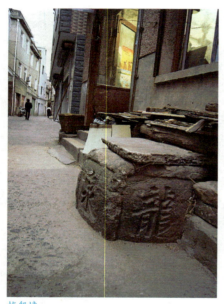

拢船境

县以前，船舶至此停泊，故名，非实有井址也。"据今西门原住民回忆，老几辈的村民都知道这里原是"拢船的地方"，后因历代围垦，遂有"南庄平原"之称。如今南庄平原已成县城中心区，海岸线退至蓬莱山下十几公里的大目湾大坝之外，但站在蓬莱山上仍能远眺大海。两千多年前徐福从拢船境上岸，隐迹蓬莱山石屋一带，是十分可信的。

船倒山：民间传说，徐福船队进入象山港后，有一支船队经现陈山村逆水而上，曾有船只在今船倒山村附近触礁侧翻，后人一直把此山称为"船倒山"。此一水道如今已因围垦淤塞，但溪流尚在。据说当时在考坑、新罗岙两水系冲击下，船只可直抵新罗岙村前，也可经东谷到达丹城塔山之下。新罗岙下泊舟的事，宋朝以后屡见于诗文记载。清倪象占诗云："见泊新罗山下舟，昔年徐福去何求？遗真只在蓬莱阁，能言楼船到祖州。"明确地把这一水系和徐福东渡联

"樯头古渡"遗址

系在一起了。

西沪港：西沪港是象山港内港，港口狭窄水深，港内宽阔，退潮时现出大片海涂。徐福船队进入西沪港，可以确保在强台风下万无一失。西沪港畔，至今留有两个古村落，相传与徐福船队泊岸有关。一个村庄叫"墙头"，见之于史书的古称为"樯头"，乃"樯桅之上"的村落也。另一个村庄至今仍叫"舫前"，画舫前面的村庄也。徐福的船队云集西沪港畔，部下就近建房，远望恰如桅杆顶上的山村和画舫前面的民居，应当说是十分确切和容易被人理解的。墙头村北

达蓬山

面悬水的小岛海山，是徐福船队的古渡之一。新中国成立后，有人在西沪港边还掘得战国青铜剑一把，它也证实徐福一行到过此处。

2. 宁波慈溪的徐福东渡传说遗迹。

达蓬山：原名"香山"，以山上盛产香草而得名，位于慈溪市龙山镇。传说于此可到达蓬莱仙境。当年秦始皇与徐福曾登临山上，远眺沧海，见海上玉宇琼阁时隐时现，于是确信此山与海上神山可遥遥相望，遂改香山为"达蓬山"。从此以后，徐福从达蓬山出海求仙草的传说便开始在民间流传。

画像石刻：位于达蓬山上的一处石壁上刻有画像，该画像高1.2米，宽3.5米，图案分为三组。第一组图像以海浪、船只和人物为主，

达蓬山画像石刻

其上有一个老翁，倒骑于梅花鹿之上，神态安详，据传是徐福得道成仙后的模样。海船和海浪，是反映徐福东渡时的情景。第二组图像居于左边，画面有瑞兽麒麟和飞禽。在中国古代，麒麟一直象征子孙的繁荣和大臣的功勋，这是对徐福东渡的一种仰慕和崇敬。飞禽状如凤凰，称为"三足乌"，是传说中专门衔仙草的一种鸟。这幅画是人们对徐福东渡成功后的一种想象和寄托。第三组图像居于左右两幅之中，有一座亭阁和一条鱼。亭阁代表着蓬莱仙境，鱼是古代先民崇拜的图腾之一。另外，画面上还有桥梁、马匹、儿童等，都是反映徐福从人间走向仙境的过程。这方刻于宋代的画像，将徐福东渡传说的场景完整地展示出来。

小休洞

小休洞：离画像石刻不远处有一小山洞，名"小休洞"。据传，秦始皇上达蓬山时曾在这洞边休息，故名。当年秦始皇在洞边坐下后，突然发现洞内有一股白气冒出，感到十分奇怪。他命人下到洞中去一探究竟，过了大约一个时辰，探洞的人回来报告说，虽然洞口很小，只能容一人进出，但越往里走越大，而且深不可测，也不知通往何方。秦始皇认为这是达蓬山上的一处奇迹，于是赐名"小休洞"。

秦渡庵：在达蓬山上，系后人为纪念徐福东渡而建的一座庵。据说此庵始建于唐代，后因年久毁损，屡次重建。原庵中有僧尼数

徐福东渡陈列馆（原秦渡庵）

人，能详细讲述徐福东渡的故事。20世纪40年代，日军曾上达蓬山，秦渡庵被毁。今又重建，并请日本前首相羽田孜题写了庵名。现辟为徐福东渡陈列馆。

徐福庙：在达蓬山东麓有一小湖，名"凤浦湖"。湖边有一古老的自然村，名"岙底徐村"。在村的入口处有一古庙，叫作"徐福庙"。这是岙底徐村村民为纪念祖先徐福而建的一座庙宇，庙内供有徐福塑像。岙底徐村原有百十户人家，全部姓徐。有的说他们都是徐福的后裔，也有的说这些人是徐福从各地招募来的童男童女，因当时船少人多，故有一部分人留下。这些被留下的人后来结婚生

徐福庙遗址

子，在这个风景秀丽的山岙中安家落户。为纪念徐福，他们将自己改为徐姓，这就是岙底徐村和徐福庙的来历。

除此之外，达蓬山上还有很多与徐福东渡相关的地名，如千人坛，相传是徐福出海前祭天的地方，是位于达蓬山之巅的一方平地。当年在达蓬山北坡山脚，是波涛滚滚的大海，东渡的船只就泊于此地。徐福在山上斋戒数日后，率众祭天。完成了这一隆重的仪式之后，便启碇扬帆，从此不归。据说当年秦始皇在达蓬山下建有行宫，而与徐福一起出海的百工、水手、弓箭手和三千童男童女都驻于山上。这支庞大的东渡队伍每天的粮食需求很大，于是徐福征调了大批的粮食带到山上。这些粮食需脱壳加工，就把脱壳的工具碾子、石臼、木杵等也运上山。这

达蓬山上的求仙亭

一加工粮食的场地后来被称为"龙门坊"或"十八磨坊"。

3. 岱山的徐福东渡传说遗迹。

浙江岱山自从唐开元年间开始,一千多年来一直被列朝命名为"蓬莱乡",素有"蓬莱仙岛"的美誉。《岱山镇志》、《康熙定海县志》、《定海厅志》、《岱山县志》均有徐福东渡传说的相关记载。清光绪年间建于东沙山嘴头的海天一览亭,亭上对联曰:"停桡欲访徐方士,隔水相招梅子真。"

2000年新建的徐福公祠,占地20亩,有徐福石雕像、徐福碑、童男童女群雕、祭海坛。徐福碑上文字曰:"秦方士徐福受秦始皇派

岱山徐福广场

遣, 率童男童女三千, 求长生不死之药, 于此涉足蓬莱岱山, 为东渡
觅仙之首站……"

（二）我国其他地区的徐福东渡传说遗迹。

1. 山东琅玡的徐福东渡传说遗迹。

司马迁在《史记》中说徐福是齐国琅玡人, 历史上更有秦始皇
在琅玡台上多次接见徐福的记载。琅玡台据说是越王勾践灭吴攻
齐后迁都琅玡时, 为会盟诸侯所首建。秦始皇东巡至琅玡, "大乐
之", 且一住三月, 还从内地迁户三万, 重筑琅玡台, 并刻石记功。现
台上还保存有古代夯土堆积的地质层景观。秦始皇三次东巡均登临

此台。秦汉以降，历代帝王及
文人雅士到此祭祀和怀古，更
留下诸多诗文资料。

　　山东琅玡应是徐福首次
上书秦始皇，接受使命，东渡
寻仙的地方。此地保留或修
复、新建了东渡起航地、琅玡
台、徐福殿、御道和观龙阁等
遗迹或景点，记录徐福东渡的
历史盛举。

琅玡台徐福像

重建的琅玡台

2．山东龙口的徐福东渡传说遗迹。

山东龙口（原黄县）徐乡相传系徐福故里，元代史学家于钦的《齐乘》一书明确记录徐乡"盖以徐福求仙为名"。

秦始皇五次东巡、三登琅琊，也三过芝罘。今芝罘岛上有阳主庙，系始皇祭天求阳寿的地方。相传秦始皇曾三刻芝罘石碑。第一次是始皇二十八

龙口徐公祠内的徐福坐像

龙口徐公祠大殿

年，秦始皇"过黄腄，穷成山，登芝罘，立石颂秦德焉"。第二次是始皇二十九年，秦始皇东游，"登芝罘，刻石"。第三次是始皇三十七年，秦始皇第五次东巡返程之际，"至芝罘，射杀巨蛟"，又刻石留碑于此。

芝罘岛在徐乡城北的渤海中，今属烟台市，在《黄县志》中明确记有大鲛鱼吞船的故事："海鱼有名鲐者，长或一二丈，或七八丈，或三五成群，顺流而下，喷浪如雪……舟遇之，即速避，稍迟即为所吞，故俗名'吞船鲐'，其骨大可做桥梁、屋材。岛中有鱼骨庙。"

由此看来，秦始皇部下用连弩射鲛的故事，应当就发生在这一带。今山东省烟台市的芝罘岛上，秦始皇射鲛台遗址尚存。唐代诗仙李白的诗句"连弩射海鱼，长鲸正崔嵬。额鼻象五岳，扬波喷云雷……徐市载秦女，楼船几时回？"更是发人联想。

3．江苏赣榆的徐福东渡传说遗迹。

江苏省赣榆县金山镇徐阜村（现已改名为"徐福

龙口"秦方士徐福故里"碑

赣榆徐福碑

赣榆徐福像

村")相传系徐福故里。赣榆地处连云港市北面，古属琅玡。据史书分析，秦汉时期此地是齐国统辖地域。在明万历年间，该地有徐福村，清代改称"徐阜村"。这个村落历史悠久，从出土的石器文物考证，大约六千年前就有人类聚居。到秦汉时期，已是经济、文化、交通相当发达的村落。其次，出土大量的云纹瓦当和筒瓦，表明这里在秦汉时期确有祠庙殿堂的建筑，是秦代村落无疑。

赣榆的徐福研究起步较早，依托淮海工学院、徐州师范大学和连云港市徐福研究所的支持，研究工作底气十足。赣榆徐福研究会成立于1984年9月，1990年举办首届中国赣榆徐福节，至今已举办过八次，在中、日、韩三国有重大影响。

赣榆当地建有徐福祠一座，前

身为徐福庙，1988年重建。祠内供奉徐福雕像，定期会有海内外徐氏子孙来此祭拜。当地还立有徐福碑一座，1985年12月立，由赵朴初先生题写。背面铭文为："金山乡徐福村秦方士徐福之故里，相传我国最早东渡日本者，为中日邦交建立伟绩，特立斯碑，以志纪念。"刻有徐福石雕像，1990年12月立，雕像身高8.5米，底座高3.5米，通高12米。

赣榆徐福祠正门

4. 河北千童的徐福东渡传说遗迹。

河北省秦皇岛，因秦始皇东临碣石、勒碑颂德而驰名中外。碣石古港曾被许多徐福研究者定为"徐福东渡始航地"。

论证碣石古港为徐福东渡出发地，其重要依据就是卯兮城和千童城。

古卯兮城在河北省黄骅县境内，而千童城则在河北省盐山县。据史料记载，卯兮和千童均为徐福征集、培训三千童男童女时所居之处。

千童置县始于汉高祖五年（公元前202年），"始皇遣徐福将童男童女千人入海求蓬莱，置此城以居之，故名"。北魏熙平二年

千童博物馆

（517年）于此始置沧州州治。千童镇在历史上作为县治和州治长达八百四十多年。

千童镇附近的无棣沟、黄骅县的卝兮城，都留有古代港湾遗址，也出土过许多古代刀币、船具、铁锚等文物，北魏时期千童城的开化寺中，建有千童碑、千童殿、徐福祠。

现在的千童祠位于盐山县东南25公里的千童镇。祠内有东渡堂、泰山堂、友谊堂，记载着秦代方士徐福率三千童男童女和百工巧匠东渡日本的历史事件，以及徐福东渡与中、日、韩民间交往的研究资料。"秦千童城"碑系赵朴初先生题写，千童的望亲台和古黄河遗址的训童港，顾名思义，引人遐想。

（三）日本、韩国的徐福东渡传说遗迹。

1. 日本的徐福东渡传说遗迹。

根据日本学者搜集整理，与徐福东渡传说相关的遗迹在日本大概有二十几处。日本佐贺是徐福东渡成功登陆地之一。相传徐福第三次面见秦始皇后是由南线，也就是中国南方直航日本的。当时徐福的船队约有八十艘船。船队劈波斩浪，经历了无数辛劳和危险，最后进入日本九州有明海一带，但不知何处可以登陆。徐福祭告海神后，在大船下放了一些浮盂（即浮杯，好像是红色的木桶之类）。浮盂顺潮水漂入内港，徐福的船队就随之进港，结果在佐贺县诸富町靠岸。因岸边芦苇丛生，部下用手扒开芦苇登陆，结果有很多芦苇叶就被撕落了。据说直到现在，诸富町海港边的芦苇还是半边长叶，

诸富町的登陆碑

半边不长叶，当地人称之为"半叶苇"。民间传说，被徐福一行拨落的苇叶在海港中变成了鲚鱼，现在还生长在内港中。这种鲚鱼就是象山人常说的"鲚苗"，也叫"刀鱼"、"杀猪刀"，学名称"凤尾鱼"。徐福船队的靠岸之处，现在的地名还叫"浮盃"。

徐福在日本佐贺留下的遗迹较多，这里有徐福登陆、徐福手挖的水井、首建的桥、手植的千年古柏，立有徐福神像的金立神社等（有人研究徐福等人最早在金立山开凿过金矿）。

日本熊野是徐福船队东渡日本的又一登陆地，当地还保留有徐福东渡的遗物——秦国的"半两钱"和先秦陶碗，徐福也曾把登陆处的小山称为"蓬莱山"，徐福的墓葬也在熊野。

金立神社供有徐福像

日本新宫市紧临熊野市，是徐福在日本活动的重要地区之一。新宫花神祭祀和象山二月二纪念百花娘子的习俗同源同宗。新宫徐福公园是由中、日、韩徐福崇敬者捐资建造的，内有徐福墓、不老池、祖元诗碑。徐福手下的七位重臣死后也葬在这里，称为"七人冢"。

日本八女市傍海依山，相

熊野的蓬莱山

传因徐福船队的八名童女首先漂流到此而得名。附近的童男山，也因部分童男死后曾埋葬在这里，形成童男山墓葬群，成为后人凭吊之地。

徐福船队在公元前210年首先抵达日本佐贺一带，然后沿九州岛西海岸南下，到达"日向"之地，又沿濑户内海东进，到达今大阪一带。后经今和歌山县绕过伊势半岛，穿过新宫，在熊野波田须登陆，并在附近停留了一段时光。之后，向自然条件更好的名古屋和热田一带进发，据说在橿原称王建都，并修筑过三百里的长城，此后又向三保松原和富士山一带发展。在日本，"富士山"和"不死山"

八女市童男山墓葬群

徐福墓

徐福后人之墓

八女市童男山上的徐福碑

新宫徐福公园的祖元诗碑

富士吉田市徐福馆前的赵朴初诗碑

几乎是同音同义。

徐福在中国生有四子一女，到日本后曾与日本姑娘阿辰相恋，但未成亲。徐福在日本又生过三个儿子。史载，徐福在日本登陆时，有名有姓留传于世的人物就有五百八十多人。

徐福死后，其七个儿子及其亲属，分率徒众居住于日本各地，后世遂有"福田"、"福冈"等称谓。三千童男童女，亦自称秦人，甚至以秦为姓。日本前首相羽田孜就直言，自己是"秦人后裔"，三百年前，家人都姓秦，日本进行姓氏改革后，家人才改姓羽田。

在东京以西八十公里左右的藤泽市妙善寺墓地里，还有徐福后代的墓碑。碑文云："居士讳肃政，称正兵卫，其先出于秦徐福。徐福避始皇之乱航海来我神州，而下居于富士山周麓，故子孙皆以秦为姓，其以福冈为氏者亦取徐福一字也，且近地有秦野者，盖系肃政一族之旧址，亦足以征为祖先之地矣，我子孙其永记勿忘焉。"

2. 韩国的徐福东渡传说遗迹。

徐福第一次东渡，应当是在他第一次面见秦始皇以后不久。他利用秦始皇给他的财力，在打造船只、召集亲随以后，很可能在琅琊附近的港口出发。相传山东省崂山县有登瀛村，是徐福东渡出发地。山东省胶南市南泊里镇有沐港岛，相传秦始皇为送徐福等人出海，曾在此处海水沐浴，并斋戒数日，以示诚意。

当然，徐福船队从碣石古港出发，在成山头稍作停留，然后开

韩国"徐福过之"石刻

始东渡，也是有史可据，合情合理的。但不少学者认为，这是徐福征集三千童男童女之后的出海口。

徐福船队先在山东半岛和渤海湾附近寻觅蓬莱仙境，随后随黑潮暖流沿朝鲜半岛南下。经长山群岛、江华岛（今"三八线"南侧），到了德积列岛。德积列岛上有国秀峰，据说徐福曾在此祭拜过天神。

徐福一行继续南下，经过黑山群岛，到过南海。今南海珍岛留有"徐市留宿地"遗迹。徐福船队曾在南海等地居留过一段时间，还留下"徐福过之"、"徐福起礼日出"等多处石刻遗存。据说徐福

济州岛徐福公园大门

还实地考察了今北朝鲜的金刚山和韩国的智异山，并把金刚山视为"蓬莱山"，把智异山视为"方丈山"。徐福船队在这里采集了不少珍贵药材，但也与当地土著马韩人发生过冲突。徐福深感自身力量不足，不得不登船离岸。

徐福船队自离开中国，一路劈波斩浪，此时应已是秋末冬初。强劲的东北风阻挡了船队继续向东航行，船队只能随风向西南航行。徐福一行最终漂到了耽罗州，即传说中的"瀛洲"，实际上就是今天韩国的济州岛。

济州岛是一个悬海大岛，现有济州和西归浦两个市，但当时那里却荒无人烟。徐福一行在济州岛登陆处留有朝天门遗址，他们还在济州岛最高峰汉拿山上采过草药，祭过"瀛洲山神"。但因为济州岛是一个火山岛，漫山遍野是火山石，加上远离大陆，风大浪高，在当时的生产力条件下，徐福一行要求生存谋发展困难重重。团队不得不在天气好转之后返回中国，补充给养。而一部分人却留在了那里，成为当地最古老的家族。

今天韩国的西归浦市专门建有徐福公园，时任国务院总理温家宝曾经到此参观。公园大门的"徐福公园"四个大字还是温家宝同志亲笔题写的。

徐福东渡传说的分布和流传

按照民间传说的一般规律，大多数传说在传播的过程中具有主题不变、内容叠加的特点，这种相对的稳定性和局部的变异性，常可让民间传说变得更加完善和丰富。徐福东渡传说就属这一类。

徐福东渡传说的分布和流传

按照民间传说的一般规律，大多数传说在传播的过程中具有主题不变、内容叠加的特点，这种相对的稳定性和局部的变异性，常可让民间传说变得更加完善和丰富。徐福东渡传说就属这一类。

[壹]浙江的徐福东渡传说

象山的徐福东渡传说是一个以徐福隐居象山这一事件为中心形成的故事群，这些故事多以象山各地的徐福遗迹为引子敷衍成篇，主要涉及徐福东渡的缘起、隐居生活和最后起航这三个方面，在其漫长的流传过程中形成了丰富多彩的故事主题和内容，辅助资料中共收录了二十九篇，实际数量远不止于此。按照故事内容划分，象山的徐福东渡传说主要有以下几种：

东渡与起航传说：主要讲述徐福东渡这一事件的过程或相关片段，包含了东渡缘起、落脚象山及最后起航东渡日本这几个阶段。在象山的徐福东渡传说弥补了徐福从出海访仙山到东渡日本之间时间上、空间上的空白，将始末连成一气，为徐福东渡传说的完整性提供了有利的资料，如《徐福落脚象山的传说》、《徐福与东瀛仙山的传说》、《徐福和蓬莱山》、《徐福的传说》、《徐福夜游西沪港》、《徐

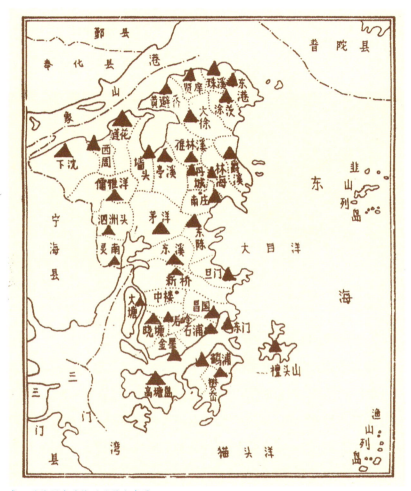

象山的徐福东渡传说流传分布图

福夜访新罗呑》等。

遗迹传说：这是象山徐福东渡传说故事群中数量最多的一类，故事主题为徐福隐居象山期间在各处所留遗迹，讲述了其与徐福的渊源，传递了徐福曾生活于此的信息，如《蓬莱泉的故事》、《徐福

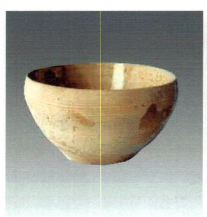

蓬莱山出土的陶碗、陶甑

留字》、《石屋洞的水》、《徐福筑蓬莱观》等。

命名传说：主要讲述象山当地一些地名的产生与徐福隐居象山这一事件的渊源，如《拢船境的由来》、《船倒山的故事》等。

生活与神化传说：讲述徐福在象山隐居期间的生活轶事和人们将他神化后的故事，体现了徐福的智慧与勇气，也折射出他融入象山人民生活的点滴，如《水牯岩的传说》、《登瀛门的由来》、《徐福与玉鱼山的传说》等。

衍生传说：讲述的是以象山徐福东渡传说为基础而引发出的更多的故事，有后人慕名而来考察徐福留居象山遗迹的故事，如《梓树脑》、《徐福与乌饭团》、《徐福与蝙蝠结友的传说》、《徐福镇海山》等。

慈溪的徐福东渡传说大致可分为三类：

景物传说：指在一个区域内，与徐福东渡传说有关的山、冈、岭、洞、井、亭、石、桥等自然景观和人文景观。其中慈溪有四十一篇类似传说。传说因景物而保留，景物因传说而益彰是其最显著的特点，如《秦始皇与观蜃楼》、《古琴台的来历》等。

风物传说：徐福东渡不但留下了众多的地名地物，也对当地的民俗风情、祭神习俗和饮食习惯产生了一定的影响。其中慈溪有十八篇这类传说。其最大的特点是已经渗透到人们生活的行为习惯之中，如《点天灯的传说》、《石头煮汤》等。

人物传说：除了景物和风物传说外，与徐福东渡相关的，还有众多的人物。这些人物因其身份和遭遇的不同，所演绎的故事也多姿多彩，成为

慈溪的徐福像

徐福东渡传说中的重要组成部分。这些人物传说有的融入徐福东渡的母题之中，有的单独成篇，极大地丰富了徐福东渡传说的内涵。其中慈溪有十七篇人物传说，如《打虎将军黄天琼》、《瑶丝娘娘》等。

[贰]浙江徐福东渡传说故事

徐福与东瀛仙山

浙江象山　　讲述者：黄小法　整理者：倪水汶

话说秦始皇统一六国后，带领大队人马到东岳泰山封禅祭天。路上听闻胶东琅玡的安期生有仙术，便派人把他请入皇宫，赠送他珍贵的白玉，又以丰盛的酒菜招待，美貌的宫女作陪，要安期生传授长生之法。安期生对秦始皇的暴虐荒谬十分憎恶，假意应允着在宫中歇了一夜。天亮前，安期生提笔在桌案上题写了一首诗，又从花瓶中折了一片花叶，吹上一口气，花叶便化作了天马，安期生跨马飞出窗户而去。

天亮后，秦始皇不见了安期生，却看到桌案上题写的诗句："做人行善能增寿，残暴苛政不长生。若要求得不老药，要访仙家在东瀛。"秦始皇看后勃然大怒，一脚将桌案踢翻。小太监上前献媚，劝说道："大王息怒。此诗说得好，'要访仙家在东瀛'。谅必长生不老药就在那里，何不令方士前去访求呢？"秦始皇觉得有理，立即下诏，凡是方士都要来咸阳报到。

《徐福与东瀛仙山》插图

　　诏示颁布后，天下方士怕完不成寻仙差事都不敢前来报到。秦始皇大怒，传令武士见到方士格杀勿论。没过几天，已有数十位方士惨遭杀戮，弄得人心惶惶。

　　有位方士名叫徐福，是江苏盱眙人。闻听此情，挺身而出，对众人说："宁可亡福，莫害众士！"毅然奔往咸阳去见秦始皇。

　　秦始皇召见徐福，徐福提出访仙寻药的三个条件：一是要十年时间；二是要三千童男童女同行；三是要打造一支船队，备足食物。秦始皇求仙心切，不惜重金，对徐福的要求都满口答应。

　　徐福领命后，到千童县去招募童男童女，到胶东半岛的蓬莱打

《徐福与东瀛仙山》插图

造楼船，一切准备充足，就在蓬莱出海。据说那一年是秦始皇二十八年，也就是公元前219年。

徐福船队起航后不久，看到东方烟雾弥漫，有许多亭台楼阁隐现其中。徐福惊喜万分，以为海中仙山被他发现了。但是当烟雾散去时神山仙境都不见了，眼前仍然是一片汪洋。实际上这是"海市蜃楼"现象，徐福当然不明白这科学道理。

徐福早已听说过东海有蓬莱、瀛洲、方丈三座仙山，于是就借着风力和潮流朝东南方向行驶。经过几天漂泊，徐福的船队来到会稽郡东部鄞县的大隐港。当地人对徐福说，从这里再向东南方航行，穿过普陀洛迦山，便是东海三仙山的界域了。徐福不再盲目漂航，把大部人员留在大隐，只挑选精干的助手乘一艘楼船继续东航。驶过牛鼻子水道，进入一个内港的海湾中。一阵强风吹来，楼船与湾内小岛的山角相撞，震醒了徐福。他见船舷被撞断，不能航行，就弃船登岸。为了记牢撞船的地点，把这座小岛叫作"船倒山"。徐福一行沿海边盘行到一个叫"新罗吞"的小山村，询问三仙山的去向。村人指点回答说，箭绷岭一过就是蓬莱山。徐福听得"蓬莱山"三字，立即来了精神，率队一口气翻越了箭绷岭。

徐福站在箭绷岭平岭顶向南眺望，东海即在山下，有船只停泊在塘岸边。围绕山脚的海滨有村落，名为"彭姥村"。徐福又仔细察看山形地貌，但见蓬莱山背隆起似大象的背脊，东连一座较矮的圆峰，冈坡向南延伸到村边，极似象首和象鼻，山麓之西又有一条山岭盘弯而下犹如象尾。郁郁葱葱的冈脉，有两条向东伸展，有两条盘曲在西岭下，好一个偏僻仙灵的去处，正是做梦也想去的地方。于是，他决定在这里住下。

徐福顺着岭脚的溪流来到一处自地下涌冒出来的泉水旁，弯腰用手捧饮，但觉清凉甜润，解渴爽快，连呼"仙泉好水"，就驻足不走了，命随从在泉旁搭筑起一个生活场所，取名为"蓬莱观"。他试验泉水的灵性，用陶罐盛满泉水，加以密封。等到第二天揭去封盖，但见罐中盛水已干，才知道泉水有渗缸透瓶的功能，于是构筑井甃，用青石雕凿六角井栏，取名为"透瓶泉"。在蓬莱观前建炼丹之亭，亭内造八卦形的炼丹灶。在观与亭的四周，种植了密密的柏树。蓬莱观对面石屋的溪壑中，有一块既像奔犊又像挂蓑的悬立巉石，徐福名之为"蓑衣岩"。

诸事完毕后，徐福向村人借来船只，就在拢船境下海，经河东的浦裔古渡出航到大隐，把童男童女船队带回蓬莱山彭姥村。

过了多年，仙药还是炼不成，徐福忧心忡忡。忽有一日，村中传说道，在离彭姥村二十多里路外的松兰山海角看到一位异人，骑着天马来去如飞，不吃鱼肉，专食大枣。吐出的枣核发出香气，活人嗅到能长寿，死人闻得可复生。徐福听后暗想：这位异人可能就是安期生，于是立即前去寻访。沿着海湾，来到东海之隅的松兰山，涉过一个个金沙头，至中央沙滩，头顶忽有呼呼风声。徐福抬头看时，有一位童颜鹤发的仙家，骑着天马，在空中向他招手。徐福知其便是安期生，立即跪地叩头。安期生从天降下，还礼。徐福告知秦始皇所迫之事，安期生淡笑一声，说道："长生不老，谈何容易？"徐福央告道："不到仙山，不得长生药，难以复命交差。"安期生道："这里的灵秀风光与瀛洲、方丈仙山有何不同？不妨就当作东瀛仙山吧。"徐福道："此处虽有金沙美色、松兰幽香，可惜没有崇山峻岳的雄奇之景，难与仙山相比。"安期生说："这有何难。"说罢将拂尘一挥，礁崖下立刻呈现一丛丛巍然兀立的山岳来。随之又从口中吐出一粒如西瓜般大的枣核,丢向群峰之中,对徐福道:"这颗枣核乃长生不老之药,你可向秦始皇复命,若要此药,要其御驾拿取。"说罢拱手道别。

徐福目送安期生升天后,回眸化出的崇山峻岳,却已变成依次列在崖谷下的礁石缩影,那颗巨型枣核也不知藏到何处去了。但是,徐福已领悟到对付秦始皇的办法。

十年期限将满,秦始皇见徐福还没有送来长生药,觉得徐福在欺骗他,于是御驾南巡追查,行至鄞县,将要渡港。徐福闻讯,即刻带着童男童女乘船从彭姥村起航避难出逃。据说他们顺着洋流漂泊到了亶洲,这个亶洲就是后来被称作"日本"的岛国。徐福把中华文化带到那里并传播开来,而那些童男童女在日本繁衍生息,成了日本国的先民。

徐福落脚象山的传说

浙江象山　丹城居民群体传承　整理者:薛炳元(八代世居丹城)

秦始皇兼并六国后,天下一统。他成了中国第一个皇帝,自称"始皇帝",以后二世、三世、百世、千世,一直传到万世。秦始皇做了皇帝之后,天下一切都归于他,要啥有啥,没有啥他不能办到的事。可是有一件事他办不到,啥呢? 就是"长生不老"。人总是要死的，到时候随你是金银堆成山，还是做了皇帝老子，两眼一闭，啥也没有了。秦始皇在享尽人间荣华时，一想起这事情就非常烦恼。他想：天下江山我可以夺得，难道这长生不死之药我得不到吗？于是贴出皇榜，告示天下，谁能够献上长生不老之药，就可做大官，发大财，享尽荣华富贵。这皇榜一出，真有许多人来献计献策。这些人有的有真本事、知识丰富，还能炼金炼丹，人称"方士"。有的没有真本事，冒充方士，来骗些钱财。其中有个山东人叫徐福，是个有真本事的方士。他一身道袍，飘飘欲仙，到了宫殿上，对秦始皇说，海上有三座神山，叫"蓬莱山"、"方丈山"和"瀛洲山"。神山上住着仙人，可以向他求得仙药。秦始皇听他讲得有声有色，高兴得勿得了，就派了许多随从由徐福带领出海求药。徐福在海阔洋长的渤海洋面上搜寻了几个月，根本见不到仙山的影子。他想：这就奇怪啦，明明我亲眼看到过海面上漂浮着三座仙山，怎么会不见了呢？原来他看到的景象是"海市蜃楼"，拿今天科学的说法是海面升起的水汽把别处的景物反射出来的景象。这是在特殊的天气中才会出现，不会每天都可看到。当时的徐福自然不明白产生这种现象的科学道理，还道是眼见为实，不会没有仙山，可能是驶错了方向。日子又一天天地过去，总是不见仙山的影子，后来眼看粮食快吃光了，只好放弃，两手空空地回到咸阳。徐福是个聪明人，他不会顶着欺君之罪到咸阳去送死。他对秦始皇说，万岁呀，我等远涉重洋，千辛万苦找了好几个月，总算找到了瀛洲仙山，山上大仙说长生之药千年才采一次，他们岛上的仙药已长了八百年，再过两百年才可采；方丈仙山的仙药也要等到一百年才可采；只有蓬莱仙山的仙药正好今年长成，可以采用了。可是蓬莱仙山远在东海，我们所备的粮食不足，所以先来奏明皇上，免得万岁挂念。秦始皇见徐福空手回来，很恼火，因为已有好几个方士骗去金银财宝，结果无影无踪。今天看见徐福回来，正好拿他治罪，以解心头之气。等到听完了徐福的一番说道，觉得有了希望，便又转怒为喜。结果他依了徐福的请求，选派了民间百工，还有三千童男童女，命他速去东海蓬莱山，一定要求到长生不死的仙药。

徐福率领几千人，乘上一百多条大船，备足粮食物品，拣个黄道吉日就浩浩荡荡地出海了。他们在海上漂呀，漂呀，不知漂了多少日子，不知漂了多少路程。海上不比陆地，刚才还是风平浪静，忽然狂风大作，海浪涌得山一样高，弄得人人苦头吃足。东海比渤海大，海岛几千个，找了几年还是找不到想象中的仙山。

一天清早，船队开进了象山门前涂洋面（两千年前，今天象山县城南是一片汪洋大海。后来围垦成陆地，开辟成农田，当地人称"南庄洋"，一直达到今天的丹山下），只见前方山上树木高大，花草繁盛，山头山腰飘着云雾，透着一股仙气。徐福见了，高兴得发狂，就站在船头上，举着双臂大声地喊道：苍天保佑，我们终于找到了蓬

丹井

莱山。弟兄们，这就是蓬莱山哪！船上的人们在海上漂泊了几年，吃足了苦头，一听说到了仙山，个个蹬足拍手欢呼：到了，仙山到了！他们高高兴兴地上了岸。

　　徐福带领一队人一路披荆斩棘到了山上，他们满山地找，没有碰到仙人，也不知道哪棵草是仙草。实际上徐福也不相信世上真有长生药，早已决定这次出海后再也不回去了。亏他有心机，要来一批能工巧匠和这许多童男童女，可以找个天高皇帝远的地方，从此隐居起来。徐福将众人安顿好后，就开始考虑他的计划。他先在山上造起一座蓬莱观。百工中有泥水匠、木匠，个个都是好手艺，把这蓬莱观造得像天上的宫殿一样；又在山脚挖了一口井，井水清清凉凉，鲜洁带甜头，盛在陶罐中还会渗出水珠来，大家都叫它"仙水"。

炼丹亭

蓬莱阁

在海上漂泊将近十年之后，童男童女也长大了，男孩变成小后生，女孩变成大姑娘，他们正是好劳力。按徐福的计划，叫男的垦荒种地、打猎捕鱼，女的织布织网。他们不再受到秦始皇暴政的残害，过着自由自在的生活。

可是好景不长，第二年（公元前218年），秦始皇东游泰山后，又到江南来巡游，一路到了鄮县（现宁波市鄞州区）海滨。徐福听了就急了，他想鄮县跟这里只有一港（象山港）之隔，消息既能传过来，也会传过去，秦始皇难免会听到风声，派人来一查就完蛋了，这可是满门抄斩之罪呀，说不定自己还会被五马分尸呢。怎么办？事不宜迟，"三十六计走为上"。徐福连忙带领百工和三千童男童女连夜乘船起锚逃跑。凭着多年的航海经验，他们终于到了今天的日本，才安居下来。

徐福离开了象山，留下了蓬莱观和水井。后来蓬莱观被拆了，那口井到现在还在，叫"丹井"。

丹城的由来

浙江象山　讲述者：陆根木　整理者：朱一峰

从前，有个山东人叫徐福，骗秦始皇说，他在海上遇到一位大仙，大仙把他带到东南方的蓬莱山，山上有一座非常好看的宫殿，他急忙跪在大仙脚下，道："请问大仙，秦始皇怎样才能得到长生不

老的仙药？"大仙说："只要他能送来童男童女、能工巧匠，就能得
到。"

秦始皇听了，非常高兴。马上下旨全国，征收三千童男童女、
三百能工巧匠和种子、家畜、农具等，一起让徐福带到蓬莱山，去取
回长生不老的仙药。

徐福只好硬着头皮从山东下船出海，他也不知道哪里有神仙和
不老药，只得听天由命，让船在大海里漂。也不知漂了几天几夜，忽
然看见海中有一高山，山上长满又高又大的树，确实是个难得的地
方。他就对船上的人说："这就是蓬莱山。"

徐福把大家带到山上，造了一座道观，又在山下挖了口水井，打
算长期隐居下来。不料第二年，秦始皇南游到隔海能看见的郧县海
边。徐福吓死了，他知道万一让秦始皇发现他在这里隐居，定要满门
抄斩了。徐福连夜带了童男童女和工匠慌慌张张上船逃跑。据说，
他们后来漂到现在的日本，才定居了下来，蓬莱山留下了徐福建造
的道观和水井。

后来，有个叫陶弘景的道士满世界云游，求仙炼丹，发现了蓬莱
山和山上的道观、山下的水井，他就住下来，取了井中泉水到蓬莱观
炼丹，还把自己的像画在观内墙壁上。

到了唐朝，象山县建立了，县城就设在蓬莱山下的彭姥村。以
后，有人在蓬莱山上挖出一块石碑，石碑上记录着蓬莱观和水井的

由来。人们根据碑文的记载，把蓬莱山改称"丹山"，造了炼丹亭，重建了蓬莱观，塑了陶弘景的像，把陶弘景炼丹用的水井取名为"丹井"，蓬莱山下的县城称为"丹城"，一直沿用到今天。

始皇墨袋除鲛，徐福避秦东渡

浙江象山　　整理者：朱华庭

相传，秦始皇三十七年（公元前210年）冬，隐迹在蓬莱观的方士徐福突然听到秦始皇东巡过了钱塘，上会稽山祭大禹，将东下鄮县的消息，感到大祸临头，惶恐不安。他原是齐国人，自齐被秦灭亡后，想找个进身之阶。十年前徐福趁秦始皇登泰山封禅祭神、刻石纪功，"做了皇帝想成神仙"之际，上书称海外有蓬莱、方丈、瀛洲三神山，山上有神仙，有长生不老之药。幸得始皇垂青，受命入海求仙。十年的海上漂泊，徐福从黄海、勃海一直寻访到东海，踏遍海上诸岛，不曾遇见仙人，也找不到长生不老之仙药。其间他听说第二、第三批出海求仙的方士因未得仙药，竟与四百六十多名儒生一起被活埋于咸阳，自己也遭始皇指名怒责。为避灾祸，他隐迹于东海边象山蓬莱山，战战兢兢，唯恐被秦始皇发觉。听到始皇东下鄮县，与象山只一港之隔，如被找到逮去，必遭杀戮。

生与死的抉择中，徐福毕竟是方士出身，学过阴阳五行、随机应变、趋利避害等玄妙之术，有办法巧妙周旋应对，能够起死回生。

他选择了铤而走险，主动赴琅琊县朝见始皇。秦始皇问他："你入海求仙十年，耗资数以万计，可求得仙药？"徐福精心编造了一套伪辞启奏皇上："为臣不辞辛劳，连年航海，好几次已近神山，偏海中有鲛鱼为祟，兴风作浪，阻住航道，故终不得上神山求药。"提出长生不老之药非不可得，唯必须先除鲛鱼。欲除鲛鱼，必先挑选武士、弓弩手和有斗鲛本领的渔民同去。始皇听了，不但不责他欺诳，还依计施行，竟下令择得渔民、武士、弓弩手数百人乘船当先，御船殿后压阵。这虽是始皇求仙心切，容易受骗，但个中也有外人所不知道的情由。始皇驻跸琅琊县，尝梦与海神交战，不能得胜。醒后召问解梦博士，博士回答："海中恶神，不易见得，平时常假鲛鱼、蛟龙在海上作祟。今陛下祀神甚谨，偏有这种恶神暗中作祟，理应设法驱除，方得与仙人相见，而后仙药可得矣！" 对解梦博士的话始皇本来还将信将疑，及闻徐福之言，适与博士相符，所以非但不怪罪徐福，还亲率渔民、武士及善射者出海除鲛。船队由琅琊县起程，向东航行了数十里，不见有鲛鱼、蛟龙出现。再向东南前行，行至大目洋的牛鼻山水道，方见有一条大鲛鱼扬鳍前来，若沉若浮，隐约可辨。待到接近，站在船头的渔民、武士各施技艺，将一支支系着长绳并带有倒扎钩的鱼叉竟向鲛鱼掷去。鲛鱼虽然皮厚且坚，但带有倒扎钩的鱼叉射入后，经武士用力一拉，皮开肉绽。鲛鱼负痛后狂怒地径直向船只冲来，战船颠簸，物件翻滚，人员呕吐，御船也左右晃动，似将倾覆。危急中，秦始皇将盛墨砚之算袋掷向海中。算袋化作乌贼，喷出墨汁，染黑了海水，蒙住了鲛鱼眼睛。渔民、武士、弓弩手乘机一齐用鱼叉、刀枪、弓弩迭射、狂戳。霎时间血水漂流，鲛鱼筋疲力乏，气息奄奄地浮在水面。大家瞧着鲛鱼死去，欢声雷动，祝贺皇上除鲛成功。始皇十分高兴，说："朕已战胜了恶神，此后当无虞矣！"秦始皇乘胜返航，仍命徐福去神山求仙，寻长生不老之药。

　　徐福转危为安后，乘机又向秦始皇要了数百名武士和能工巧匠并许多粮食、物品，通知停泊在蓬莱山周边待命的船队在大瀛海道与其新建的船队会合，载着三千童男童女航海东行。行至月余，遇一岛，岛上草木丛生，土地肥沃，徐福领着童男童女，齐至岛上眺览多时，且与大众语道："始皇要我等求长生不老之药，试想不死之药从何而来？若再空手回报，必逢彼怒，我等统统要被斩首了。"大众听着，禁不住号哭起来。徐福又道："休哭，休哭，我已想得一条活路在此。汝等试看这座荒岛，虽然榛莽丛杂，却是沃土。若经我等数千人并力开垦，种植五谷杂粮，定有收获，便可资生。好在舟中备有谷种，并有农具，一经耕作，必能见效。如虑目前为难，我已筹足资粮，足供半年生活。照此办法，我等均得安居乐业，岂不逍遥快活？"大众鼓掌称善，愿听徐福指挥。徐福即分派男女，按时垦荒、耕种。半年以后，竟把这座荒岛变成了富饶肥沃的田园。既得足食，复拟营居，辟地筑庐。起初还是寄宿舟中，朝出暮返，至此复得就地栖身，不劳跋涉。再加徐福体察周到，索性将童男童女配为夫妇，使得双宿双栖。大众安然度日，还想什么西归？于是就奉徐福为主子，辟成海外乐园。后来徐福老死，便在岛上安葬。相传今日本境内尚留有徐福古墓，两千多年来，遗迹未泯，"始皇墨袋除鲛，徐福避秦东渡"的故事仍在东海两岸渔村中流传。

徐福抗台与丹城平水庙的传说

浙江象山　　整理者：盛鑫夫

象山县城西象鼻山脚，至今尚存平水庙遗迹。人们不禁要问，这里远离大海，周边又无一条像样的水流，"平水"之说何来，立庙更有何用？

原来，两千多年前，象山人烟稀少，象鼻山下只有一个小村落，人称"彭姥村"。彭姥村南即为浩瀚的东海。村东海滩平缓，有樟树数十，人称"樟木境"（今仍袭其名）。村西海港较深，可泊船，俗谓"拢船境"（后人在此掘井取水，以供民用，谐其音曰"龙泉井"，即今西门龙泉井路一带）。村南有里港、外港可直通东海（今大井路北端与西街交汇处，新中国成立初尚有"里港巷口"之名，居丹城五十年以上者皆耳熟能详）。

当时的彭姥村户仅数十，人不过百。加之交通不便，信息闭塞，尽管中原列国纷争、战乱不已，本地村民或渔樵为业，或耕耘为生，日出而作，日落而息，倒也相安无事。

　　只是象山地处东南季风带，彭姥村更是直面东海，常有台风侵害。台风来时，海水汹涌，或风摧茅舍，或浪毁堤坝。百姓深受其苦，平定水患成了本地村民的最大愿望。

　　话说当年徐福奉秦始皇令，率三千童男童女寻觅海上仙山，求取长生不老之药。因遇台风阻隔，避难象山港。台风过后，徐福命船队原地待命，自率数人，轻舟简从，出象山港向南探路。忽见海边有山如伏象，山下一排香樟青翠可爱，遂吩咐水手靠近，沿水道穿外港入里港，拢船靠岸。岸上百姓围睹，见诸人衣着，视为异类；更见徐福峨冠博带，目光如炬，惊为仙客。徐福一行弃舟登岸，信步上山，直至半腰，见石屋天成，清凉宜人，更有山泉清冽，饮之如饴，顾盼周边，林木葱茏，修竹摇曳，忽萌退隐之意。

　　众所周知，徐福自告奋勇向秦皇请命，愿觅长生不老之药，说明他不是一般的隐迹山林修道养生的方士，只是在屡觅仙山无踪，难以复命的情况下才一再撒谎以求自保。当初请求三千童男童女及百工良种之时，他已萌生觅地自存之念。多年浪迹海疆，仙山无影，灵药难求，加之鱼蛟阻隔，飓风为虐，难免心灰意冷。偶见此处群山滴翠，海面如镜，风光旖旎，一如想象中的蓬莱仙境。心想：若能在此处自炼仙丹，成则可复始皇之命，以求闻达；败也可苟全性命，以避乱世。想到这里，不觉心中大喜。

于是，徐福一边命船队在象山港一带化整为零，原地待命，一边派小股分队四处打探仙山踪迹。自己却带着心腹，以探寻仙山为名在象鼻山下彭姥村旁建起蓬莱观，掘丹井，筑丹灶，炼起了长生不老丹。为求自给，徐福还命人以铁器开荒，撒播五谷良种。平时采集中草药，以备不时之需。

徐福一行的特立独行，引起了彭姥村村民的好奇，好事者咸来问讯，或携良种归种，或求灵丹治病，一时间"徐真人"成了村民心目中的圣人。

时光易逝，一晃一年过去了，象山遭遇了空前的台风浩劫。一时间，墙摧船毁，田园复成沧海，百姓家破人亡，哭声遍野……暮鼓晨钟，锁不住徐福济世之心。尽管他与世隔绝，有意隐迹于蓬莱观中不问世事，但彭姥村的遍地哀鸿，还是使他情不自禁地走出了炼丹房。徐福带领众人运用中原地区的先进技艺，因势利导，协助百姓筑坝填海，重整家园，并在拢船境边上立大禹神像以镇洪水。

第二年，因秦始皇再次东巡，到达会稽、慈溪、鄞县一带，徐福感到隐迹象山难保万无一失，最终不得不重新聚集船队，远航东瀛。

徐福隐迹蓬莱观前后不过两年，他走后，象山人民感其恩德，长期保留了蓬莱山下的道观、丹灶、丹井，并尊拢船境边的大禹塑像为"平水大帝"。尔后，又不断增其旧制，使得平水庙香火鼎盛，直至新中国成立初。可惜在"文化大革命"中悉遭破坏，加之西街拓宽，如今的丹城平水庙只存几间破屋、一口水井了。

石屋洞的水

浙江象山　讲述者：屠阿根　　整理者：薛炳元

千丈岩半山腰有个地方叫"石屋"，风景蛮好。为啥叫"屋"呢？因为那里有个石洞，洞顶是蛮大一块岩石，洞口砌一道墙，当中开洞门，里面正好一间屋大，所以叫"石屋"。洞里有一股泉水，从岩缝中流出来，有雨时多些，没雨时少些，多旱几天就没水了。原来很早以前水是蛮多的，不管天旱天雨，一年到头流得哗哗响。为什么现在没有了呢？这里有个故事。

在秦朝的时候，徐福为了替秦始皇寻找长生不老药来到了象山，那时候现在的南门外就是海，跟东海大洋连在一起。徐福出海寻仙药不是一个人来的，他还带了三千童男童女和许多工匠，乘了一百多条船在大海中到处漂荡。他们在海上东找找西找找，找了快十年还没有找着仙山，这个仙山叫"蓬莱山"，最后他们来到象山，徐福在船上看到丹城后面的山像一头伏在地上的象，很有仙气，就把它当作蓬莱山了。秦始皇的残暴是有名的，人人都怕他。徐福自忖：我在海上找了快十年还没有找到，回去肯定杀头。索性在象山介好个地方隐居下来。交通不便，象山又介偏辟，天高皇帝远，有谁知道我在象山。

蓬莱山主峰叫"千丈岩"。徐福先到千丈岩上去看看周围地形，在半山腰看到有个石洞，只见一块岩石半空悬着，岩石下面是个洞，有一间屋大小，一股碧清的泉水哗哗地从岩缝中流出来。徐福一看高兴死了，介多人要住下来，第一要解决的是水的问题，现在水有了，他也就放心了。徐福马上叫人在大岩石下面砌上墙，当中开洞门，它看上去像一间屋，就叫它"石屋"。

离石屋十丈远的上方山坡上长着一株树，这是一株桃树，四个人合抱起来还围不拢。树长得半天高，树叶交关（非常）茂盛。奇怪的是，桃树介大，生的桃子却像蚕豆介大。徐福问当地老百姓是咋回事，一老农讲："这株桃树我阿爷的阿爷时就这么大。老汉我今年六十岁，这桃树在我十岁时开过一次花，开过花就结果，可是五十年过去了，桃子还是这么大，你说怪不怪。"徐福一听，马上觉得这不是一棵凡树。它会不会是天上千年才结一次的蟠桃呢？他真的想

石屋内景

对了。原来，有一次王母娘娘在开蟠桃会，有个神仙吃完蟠桃，随意将核桃往地下一丢，桃核就从天上飞下来，一直落到千丈岩的半山腰上，从此落地生根，长出桃树，到徐福看的到那一年已是一百多年了。徐福心想：这肯定是蟠桃，可惜我吃不着。现在结桃才五十年，还要等九百五十年呢。这一想，就随便它了。

现在回过头讲这三千童男童女，他们出门时才七八岁、十来岁，现在都是十七八岁、毛二十岁的年轻人了。女的倒安静，男的除劳作外还喜欢舞刀弄棒，他们觉得男人带把剑才神气。铁剑没有，木剑是自己可以做的。按道家的规矩，木剑最好是用桃木做。这帮后生看准了这棵大桃树，于是请来木匠，把这株半天高的桃树砍掉，做了一千多把剑，一人一把挂在腰部头（腰间），在路上横来横去，觉得很有派头。

等徐福得知后赶到山上时，这株桃树已经没有了，只见许多人在挖树根拿来当柴烧，树根堆在地上像山一样。徐福看地势，觉得情况不妙，为啥呢？徐福是啥人，他上知天文下知地理，知识交关（非常）渊博。他一看下面是石屋，这株桃树一毁，马上会影响到石屋洞里的水源。他想：这回可犯关（倒运）了，桃树被砍掉慢讲起，我们介许多人要吃的水就要断了。

趁早摸亮，快点打算，于是他连忙派人到石屋东面一里路外的山脚下去打井。果然，等井打好后，石屋洞里的水慢慢少了，本来哗

哗响的泉水，现在变成像界水洞（厨房灶头上往墙外氽水的孔洞）
氽的一样，半天盛不到一桶水。

后来这口井被陶弘贞用来炼丹，叫"丹井"。那石屋洞的水直到
现在仍然是细细的，慢吞吞地流着，一到旱天就一滴水也没有了。

徐福拜师鬼谷子

浙江慈溪　整理者：房立中

徐福本是齐国琅玡人，字君房。祖上世代为医，自幼熟读"本
草"，后走遍名山大川去为秦始皇寻找祛病延年的灵丹妙药。一天，
徐福来到朝歌城，听说附近云梦山里有灵芝草，又听人讲述青牛吞
食灵芝变成山岭的故事，决意上山去采灵芝草。

徐福选了一个晴朗的日子，起了个大早，出朝歌城向云梦山走
去，不到晌午便来到山下。这是山的南坡。徐福开始顺着山谷向上
攀登，遇到悬崖峭壁就用手中的錾子在崖石上凿台阶，在相应的
位置凿上手把窝，不管刮风下雨，不分白天黑夜，不停地凿，过了
七七四十九天，山道凿成了，他顺着山道继续向悬崖上攀登……

徐福未及登上山顶，他的这些行动和目的已为鬼谷子所知，鬼
谷子早就等在那里。他把徐福领进太阳洞，赞扬他锲而不舍的精
神，留他在云梦山小住。徐福也不推辞，就在太阳洞下榻。他白天沿
南桃园的山崖采药，晚间回洞中读些随身带来的《本草图鉴》之类

《徐福拜师鬼谷子》插图

的书籍。徐福在云梦山上走遍了南北桃园，又转到演岳岭和五里鬼谷，被这世外仙山给吸引住了，采药的兴趣淡了许多。他想留在山上随鬼谷先生学些仙家学问，于是来到鬼谷洞请求鬼谷先生收下他这个徒弟。鬼谷子早已看中这个后生，不过是给他时间，让他有个转变的过程。这天徐福一提，鬼谷子便满口答应了。

徐福住在太阳洞中修身养性。在南北桃园、剑绣峰上建起承露盘、福气盅、聚光鼎，采日月精华、天地灵气，又遍访名山大川，搜寻奇花异草。

当时正属秦世，嬴政为求长生，改腊月为嘉平，到处访求方士。听说徐福专修长生之术，就强求其入宫，为其寻长生之法。大苑官吏送来奇草，秦始皇便问他是什么草，徐福也未尝见过，便回云梦山请教。

鬼谷先生说："在大海当中有祖洲、瀛洲、玄洲、炎洲、长洲、流洲等，这种草就是祖洲上生长的不死草。草生长在琼田当中，又叫作'养神芝'。草的叶子可以多年生长，不能丛生，一棵草可以救活一千人。"徐福回朝廷把鬼谷子的话告诉了秦始皇，秦始皇便让徐福带上五百童男五百童女到祖洲去寻不死草。

秦始皇与观蜃楼

浙江慈溪　　整理者：史磊

在达蓬山上原有一座观蜃楼，这是当年秦始皇在山上时建的。说起这座观蜃楼，还有一个传说。

话说当年秦始皇听信徐福之言，几次派人出海求取仙药，但均无功而返，弄得他恼怒异常。他本想放弃求取仙药的念头，怎奈留恋皇权想长生不老的欲望太强烈，最后还是与徐福一起来到了达蓬山下。徐福心里明白，这一次若不成功，后果不堪设想。为了让秦始皇打消顾虑，确信海上有三座神山，他经过仔细观察，发现在东海之上经常有海市蜃楼出现，于是就建议秦始皇在山上建造一座楼

《秦始皇与观蜃楼》插图

阁，说这样可以经常看到仙界的各种场景及仙人们的活动，只要虔诚祷告，这长生不老的仙药就有可能得到。就这样，秦始皇派人运来材料，以最快的速度盖起了一座亭子。不过，当时的亭子是很简陋的，一是因为时间仓促，二是也没有什么设计，就是仿照宫中亭子的式样。

　　孰料这亭子建好以后，连续几天大雾，不要说是海上神山，就连几步之外也看不清楚，这让秦始皇十分懊恼。几天之后，徐福突然来禀报秦始皇，说是今天午时以后，陛下可登上山顶，在亭子内

《秦始皇与观蜃楼》插图

看到神山。这一消息把秦始皇的积极性又调动起来了，他匆忙净身更
衣，骑上白马，往山上进发。到了亭内，徐福已经给他备下了各类点
心水果，这让秦始皇感到十分满意。徐福在一边小心伺候，十分殷
勤。秦始皇本来就心情不好，只是听说可以看到仙阁琼台，才来到这
山上，可是等待的时间是漫长的，过不了一会儿秦始皇就烦躁起来。
徐福见状，知道他有点耐不住，急忙叫人摆上香案，自己则朝北拜了
几下。说也奇怪，晴朗的天空一下子变得阴暗起来，先是乌云密布，
继而打雷闪电，后又有大雨倾盆。徐福让左右侍卫护住秦始皇，自己

则在雨中不停地手舞足蹈。其实他早预料到今天午后必有雷阵雨。

过了一会儿，天气逐渐转晴，乌云退去，天空又恢复了原状，万里无云，阳光普照。徐福也停止了舞动，回到亭内，启奏秦始皇："陛下稍候，这琼台瑶阁很快就会出现。"果然不出徐福所料，在东北方向，天空出现一道彩虹，五光十色，美丽异常。徐福说："这是彩虹，待其散去，陛下便可一睹琼台风采了。"秦始皇虽然是威震四海的帝王，但对仙境神界向往已久。虽受了点雷雨闪电的惊吓，倒也并无大碍。听了徐福之言，只得继续等待。

就这样，大约过了一个时辰，北面的天边果有一团白雾升起。接着，这团白雾渐渐散去，露出了仙山琼阁。徐福用手遥指，告知秦始皇说："陛下请看，那就是仙山，长生不老之药就在山上。今陛下诚心所至，故能得观此山，臣要去此山求取长生不老之药。"此时的秦始皇已被眼前的景象惊得目瞪口呆，连声说："果然有此仙山，卿言不虚。"

后来，徐福出海后，秦始皇还派人专门在达蓬山上重新修建了一座观蜃楼。几千年来，这座观蜃楼屡毁屡建，成了达蓬山上的一个景点。

龙门坊

浙江慈溪 讲述者：黄松茂 记录整理者：滕占能

　　达蓬山秦渡庵以西的山冈上有一处较平坦的地方，叫"龙门坊"，又名"十八磨坊"。为什么叫"龙门坊"或"十八磨坊"呢？

　　原来，当徐福选定达蓬山为东渡蓬莱的起航地后，经秦始皇同意，从全国选了三千童男童女、诸工百作和护卫兵丁，陆续来到达蓬山。到得山上，安营扎寨候船。这五千余人要吃饭，带来的粮食，如稻谷、大麦、小麦、玉米等都要加工碾磨后才能食用，因此奏请秦始皇同意在这山冈上建造茅舍，命石匠凿制捣臼和碾子，逐渐办起了磨坊。因这里的磨坊是皇家需要才建立起来的，便命名为"龙门坊"。

《龙门坊》插图

到了唐朝贞观年间，大将尉迟恭在浙江抗击扶桑海寇。他与徐勋共同督造明州城后，率兵来守雁门关。他把兵马驻扎在达蓬山上，发动士兵在山上开荒，种植大麦、萝卜，至今尚留有大麦地、萝卜地的遗迹。他在达蓬山上练兵，至今留有跑马场——两旁砌石为墙，中间为较平坦的坡地。尉迟恭在龙门坊增设碾子，磨坊发展到十八爿，并且长期住有居民。

年深日久，磨坊房屋已经废圮，但墙脚乱石、瓦砾犹在，直到新中国成立前夕，尚能在这一带找到磨片和石碾槽哩。

十八磨坊在过去一直住有居民。到宋代末年，十八磨坊的居民才嫌山上交通不便，搬往山下，有林、杨、洪三姓搬到龙头场居住，成为龙头场最早的居民。

徐久堂名和徐家祠堂

浙江慈溪　　讲述者：黄月华　　整理者：滕占能

秦时徐福为秦始皇到蓬莱仙岛求仙采药，他带着一班童男童女、工匠、兵士，乘着楼船，从现在江苏连云港的地方下海，向南航行，逾时半月，来到达蓬山下。众人陆续上岸，来到山间一块较平坦的地方——徐久堂名安营扎寨，砌墙盖舍，住了下来。他们在这里挖了一口井，人人都改姓徐。达蓬山原名"香山"，果然名不虚传，那喇叭花、兰花、扎扎梅花、白术花、樟树花在不同季节争妍怒放，清香扑鼻。在达蓬山上能看到东海，望到蓬莱岛，真是出海东渡蓬莱的好地方。

徐福船队在前几次出海中死伤了不少人，这次是秦始皇亲临达蓬山后的第五次出海。徐福要远避秦祸，准备一去不复返。他将一些老弱病残留下来，嘱咐他们在徐家山等候他返航的消息。

徐福东渡后，徐氏后裔在徐家山东端的虎头山上设立望火塘，为徐福返航导航。在白沙滩对面山上一块坐南朝北的平地上建立徐家村，建造了徐家堂前，并设立了徐福的长生牌位。他们每日祭拜，祈祷徐福早日归来，亲人得以团聚。

如今东首房子已坍，西首房子尚存，门头、道地犹在。

蛟门缺

浙江慈溪　记录整理者：柯非

从前东海上的小岛很多，每一个岛都有一个很特别的名字，据说这些名字都有特定的含义，其中"蛟门缺"这一地名，就与秦始皇有关。

刚开天辟地时，社会秩序非常混乱，不但很多野兽自相残杀，而且还祸及人类。为了纠正这种混乱的局面，天帝派出了很多神兵神将在各处巡游，查看各值日功曹的工作是否恪尽职守，各司风司雨之神是否按规定办事。当时三北一带的司风司雨之神是太白老

《蛟门缺》插图

龙，它兢兢业业，使当地能够风调雨顺，五谷丰登，很受大家的爱戴。不知过了多少年以后，太白老龙娶妻生子，生活得十分惬意。常言道：龙生九子不成龙。这太白老龙生了个儿子，虽然有爪有鳞，有须有髯，却没有角，所以只能算是蛟。几年之后，蛟已长大，它从不守规则，上天入海总是挟风带雨，使三北一带经常闹水灾，人们深受其苦。

那一年，秦始皇来到了达蓬山，准备派遣徐福渡海去仙岛求药。他住在行宫之中，发现每天的气候真是变幻莫测，一会儿烈日当空，万里无云，一会儿又乌云密布，大雨倾盆，刚刚云开日出，突然间起风下雨，闹得人不得安宁。秦始皇派人去打听，才知道原来是太白老龙的儿子在作怪。于是，秦始皇找来徐福，问他治蛟之策。徐福说："这蛟是龙的儿子，会腾云驾雾，派兵围剿无法达到目的，唯一的方法就是把它赶走。"秦始皇说："既然如此，这件事就由你去办吧。"对于这种命令，徐福知道只能应允，否则就是抗旨，有杀身之祸。

为尽快找到治蛟的办法，徐福派人下山，请来了当地几位德高望重的前辈，向他们讨教。这几位老人说："我们虽然知道治蛟之法，但一旦被蛟知道，后患无穷。"徐福说："请各位放心，我会除恶务尽，不至于连累大家，更何况这是皇帝的旨意，谅小小的一条蛟也奈何不得。"经再三说服，老人们才说要想赶走这条害人之蛟，唯一的办法就是不让它有安身之处。徐福问："那蛟的住处在哪里？"老人说："往西三十里，海中有一小山叫'回龙山'，上有一潭，那就是蛟的住处。"

第二天，徐福下了一道命令，所有童男的尿液都盛在罐内。一个月后，童尿装了几百罐。又杀了狗、羊等动物，把血装罐。徐福带上这些物品，驾舟前去回龙山。到了山上，果然看到有一水潭，就将人尿和动物血全部抛入。不一会儿，狂风大作，腥味扑鼻，一条大蛟从潭中跃出，猛吼一声，朝北飞去。从此以后，这大蛟再也不回来了，三北一带的人们又过上了太平的日子。后人把童尿叫作"回龙汤"，把那座劈开的小山叫作"蛟门缺"。直至今天，大家还把那些不务正业、为非作歹的人称为"顽缺"，意思是既顽皮又缺德，据说就是从"蛟门缺"演变而来的。

石井老龙与龙棒石

浙江慈溪　整理者：滕占能

从范市镇的方家河头呑新溪一直向东庵走，经过石塘不远，就到了石井龙潭。这龙潭在溪流中间，样子像一口井。泉水甘甜，清澈见底，常年不涸。水从左侧一沟中流出，发出潺潺的声响。

相传在秦代时，这口井里住着一条老龙。老龙晚上住在潭里，白天在香山一带漫游，给香山带来云雾细雨，滋润林木花草。

自从徐福来到香山隐居，在山上盖起茅篷，种上茶树后，石井老龙常常化作一个白胡子老翁来到上茅篷品茶。它和徐福志同道合，十分莫逆，二人抵足相谈，讲些求仙学道、采药治病、海洋水文、天气变化的征兆等，不亦乐乎。

千百年过去了，石井龙潭上首先建起了上茅篷、下茅篷两座道观，石井老龙还是在潭里安心修炼。后来到了宋代，佛教发展了，上茅篷住进了和尚，下茅篷住和尚又住尼姑。一些年轻尼姑把月经水倒入阴沟，这些脏水顺着溪流流入石井龙潭。石井老龙最喜欢洁净，当它被脏水浸泡后，浑身瘙痒，难受极了。它实在忍不住，便大吼一声，现出原形向东北飞去。这时候风是风，雨是雨。当它飞过山冈时，洪水跟随而来，把山冈上数十块大石头都冲了下去。这些大石头有的散落在山腰洼地，有的被冲到黄杨岭北首的溪洞里。

人们把石井老龙飞过的山冈称作"审龙"，把老龙北审时带来的大石块称作"龙棒石"。这些龙棒石小的重千斤，大的重几万斤。现在达蓬山北麓的黄杨岭两边，还可以看到许多龙棒石呢。

海天一览亭的传说

浙江岱山　整理者：夏贤义

岱山岛上的山渚头，地处东沙的东角，是停泊船只的良好港湾。曾有诗曰："北风航海南风还，南风航海北风归。"据传在五代时就有高丽朝贡船泊于此地。那些泗洲堂航船、台州渔船、沪甬货轮都密集于山渚头，山渚头成为岱山岛通向上海、宁波、嵊泗的最早的官渡埠头。

清光绪二十四年（1898年），在山渚头砌有石条的码头上建造了一座凉亭，因亭内一块匾额曰"海天一览"，后人称亭为"海天一览亭"。亭内有一楹联："停桡欲访徐方士，隔水相招梅子真。"据说秦方士徐福曾涉足于蓬莱。徐福率数千名童男童女，为秦始皇求长生不老仙药而东渡寻找三神山，途经蓬莱岛时，他拨千余名童男童女寻找仙药,自己又率余部向方丈、瀛洲进发了。那千余名童男童女上岛后,分头四处寻找长生不老仙药,日出而寻,日落而息,不知经过多少日子,由于人多粮草少,又无茅屋草舍可以栖息,饥寒交迫,不少人暴尸荒郊,幸存者穴居洞中,潮退时到海涂找些蛤蛎虾蟹果腹,涨潮时到山间寻挖野菜草根充饥。一日,狂风大作,暴雨倾盆,海浪滔天,潮位猛涨,狂涛拍岸,洞穴漫水,无法居住,不少人被巨浪吞噬,葬身鱼腹。那千余名童男童女,或冻死,或饿死,或被卷入大海。但是,天无绝人之路,却有一个命大的,抱住一棵大树,随浪漂流,待风平浪静时,搁浅在一处沙滩上,被一老渔翁搭救,收为义子,并传授渔猎技术,教之耕耘知识。

草枯草荣,年复一年。这个命大的童男成人后在那里娶妻生子,到了垂暮之年,已是儿孙绕膝,但他念念不忘将徐方士求仙药上蓬莱一事教导儿孙铭记,望他们有机会要驾舟寻找那蓬莱仙岛。可是,山阻水隔,谈何容易?斗转星移,那个命大的童男的后裔们,没有忘怀祖训,从《稽考州史县志》中获悉,古时的蓬莱仙岛又名"岱山岛"。岛上东边港湾的山渚头就是徐方士求仙药的上岸处。为凭吊祖先的遗迹,他们漂洋过海来蓬莱。那时的山渚头已是十分繁荣,商贾云集,桅樯如林。他们与当地"老廒"师爷商议,在山渚头海滩旁建造一座凉亭,以示纪念。献巨资者,是一位富豪的寡妇。

山渚头凉亭依山傍水而造,用琉璃瓦盖顶,飞檐翘角,还塑上一群"屋顶将军"，实为壮观。沿海滩依地势用连扣长条石板砌成码头，十分坚固，几经台风侵袭，巍然不动。它既可停靠舢板小舟，也可停泊百吨大舸。亭外海天相连，风光旖旎。为此，文人墨客挥毫撰写匾额楹联，还镌刻石碑，筑置亭内壁上。据当地老人回忆，碑文大致为：秦，徐福奉皇帝命，求仙药涉足于此，属东渡驻舟待航首站，上岛找药者千名，幸存无几。为缅怀祖先，晓于世人，立碑以示纪念。清光绪二十四年，仲夏。

日出月升，时光流逝，那凉亭虽毁，石碑无存，但后人对徐福来蓬莱一事却久传不衰。

紫霞洞的传说

浙江岱山　　记录整理者：周波

在东海洋面上有一座蓬莱岛，此岛的东南方有一座名唤"江南山"的小岛，与蓬莱岛隔海相望。岛上重峦叠翠，岩壑奇险，自然风光旖旎。紫霞洞位于江南山的东北部，据说深不可测，直通海底，是天然的海底通道。很久以前，有一渔夫误入洞中，待出洞一看却到了另一个岛——长涂山。另外，在农历初一、十五大潮来临之际，洞口便被淹没，只有落潮时洞口方能露出。那么"紫霞洞"的名称又是怎么得来的呢？

相传秦代时，海中蓬莱、方丈、瀛洲三神山有长生不老药，始皇命徐福率三千童男童女，组成庞大的船队，从宁波、慈溪一带入海求药。船队浩浩荡荡朝东海进发，时值秋冬之际，海上风大浪高，加上潮汐变幻无常，船队在大海中漂浮了七七四十九天。一天，风平浪静，奇迹发生了，船队仿佛被一种无形的力量吸住，纷纷漂向东北方向。不多时，前方茫茫大海中隐隐约约地浮现出一座方方的山。徐福甚为高兴，估计已入仙岛的门户。果然，绕过方山，便见岛屿棋布，烟霞缥缈，后来人们便称此山为"向蓬山"，称岱山岛为"蓬莱仙岛"。

当时，东海龙宫里正大办酒宴庆贺龙王寿辰，水晶宫内一派热闹景象。船上人们的喧闹声震动了一向宁静的仙岛，东海龙王惊魂不定，不知海面出了什么事，急令虾兵蟹将出海察看。徐福见惊扰了东海龙王的寿筵，连连赔不是。又心想龙王若知道在此为始皇炼丹求长生药定然不许，便心生一计，假称船上皆是捕鱼人，为求一世太平来仙境替龙王炼仙丹。东海龙王一听笑逐颜开，允诺他们停泊蓬莱岛。次日，三千童男童女在徐福率领下登上了摩星岭，开始搭建炼丹炉，置备柴火，同时派人背筐携锄去摩星岭遍访仙草，可寻访多日仍不见仙草的踪影。原来，这仙草喜欢生长在断崖峭壁、人迹罕至的地方。

这情况让东海龙王知道了，他命虾将传告徐福，仙草乃上天之草，只有少数岛屿才能生长。并命守卫江南山东面的长涂山的数百条海豚，在长涂山与江南山两岛之间开凿一条海底通道，因为两岛多仙草。海豚王接令，一头将尖嘴撞入高鳌山下的石穴，直朝江南山岛拱去。不久，海豚王滑溜溜的身子就从江南山的海滩上钻出，众海豚见状在海面上欢呼雀跃。自此，每年的夏秋之交，蓬莱岛的竹屿港附近水域，经常能够见到众多的海豚跃出水面，在空中划出一道弧线，然后一头扎入海中，形成岱山岛上"千豚拜江"的独特景观。

徐福一听龙王要其将炼丹大军开赴江南山岛，心里好生欢喜：这下再不用为找仙草发愁了，于是他率三千童男童女登船朝江南山岛驶去。由于正值傍晚，天昏浪急，一条船在靠泊江南山岛时不慎冲上了海滩，船体立刻裂为两半。这突如其来的事故令徐福大为震惊，他亲自将遇难者的尸体从破碎的船上搬下来，堆放在沙滩上。这时，天空突降暴雨，徐福立刻命人到山上砍伐树枝遮蔽尸体。不料奇迹发生了，那些覆盖着树枝的尸体忽然活转过来。徐福惊异万分，知是神树，忙跪在地上膜拜起来。其实，被徐福称为"神树"的乃是岱山盛产的榨枇树，据说后来由徐福带到日本，日本人称它为"神树"或"枋木"，常在祭祀神灵时插在供案上，以求福寿。

春去春又回，徐福在江南山一呆就是一年。一年中他潜心炼丹，苦修医术，江南山的秀山丽水、一草一木及古朴风情令他心动，他萌生了永留仙岛的念头。一天，无数海豚结伴而至，原来它们是受东海龙王之命，请徐福赴水晶宫做客。徐福受宠若惊，心想：这东海龙王倒是和善可亲，蛮有人情味的，我何不去见见他呢？于是他横下心来，决定把为始皇寻找仙药之事当面告知东海龙王，以求龙王饶恕他隐瞒之罪。但这水晶宫如何进去，徐福束手无策。但见海豚与徐福嘀咕一阵进入洞中，并将洞里的童男童女唤出。霎时海潮卷起，将洞口淹了。徐福闭目虚心，只听耳边海涛之声。不久，徐福睁眼一看，已到了水晶宫内。徐福跪拜龙王，感谢龙王一年来的恩赐并将欺骗一事和盘托出。东海龙王见徐福为人正直，知错能改，甚是喜欢。龙王问徐福今后如何打算，徐福说只求一条生路，保全三千童男童女平安返回故里。龙王说始皇已驾崩，如今人间是兵荒马乱，已无去路。徐福听说秦始皇死了，心想天下黎民百姓总算有了出头之时，不觉一阵高兴，又想现在可能仍是战火频繁，三千童男童女已无家可归，又有怅惘之感，还是远走高飞吧。他把想法告知龙王，龙王觉得言之有理，说只要把船驶向东北方向，可平安无虞，徐福便尊龙王所嘱重返江南山岛。此时那三千童男童女正等候在洞口发愁，忽见潮水退去，一股紫气从洞中冲出，随后徐福也从洞里出来了。据说，现在潮涨洞闭、潮落洞开的现象就是这样形成的。徐福把会见龙王的经过与大家说了，童男童女们一阵高兴。大家忙着打造龙舟，置办物用。几个月以后，徐福便率领三千童男童女整装上船，朝着东北方向缓缓驶去。

徐福站在船台上，回望蓬莱岛，但见整座岛屿烟雾缭绕，若隐若现；摩星岭上白峰积雪，恍若白练。再看前方，烟波浩渺，水天一色。徐福禁不住心如潮涌，思绪万千。渐渐地，浩荡的船队像一条游龙，隐没在万顷波涛之中。

后人为纪念徐福曾到过江南山岛，就将江南山岛的这一岩洞命名为"紫霞洞"。

附：浙江的徐福东渡传说部分篇目

题名	传承人/记录整理人	流传地区
徐福与东瀛仙山	黄小法（讲述）；倪水汶（整理）	浙江象山
丹城的由来	陆根木（讲述）；朱一峰（整理）	浙江象山
徐福落脚象山的传说	居民群体传承；薛炳元（整理）	浙江象山
蓬莱胜迹引才来——姜、毛二公隐象记	刘玉西、鲍永正（讲述）；倪水汶、乐家凯（整理）	浙江象山
蓬莱泉的故事	陈迈（讲述）；张利民（整理）	浙江象山
透瓶泉	陈迈（讲述）；张利民（整理）	浙江象山
徐福镇海山	魏章竹（整理）	浙江象山
船倒山	倪水汶（讲述）；张利民（整理）	浙江象山
徐福筑蓬莱观	李良才（讲述）；张利民（整理）	浙江象山
道人山传说	王保胜（讲述）；朱永林（整理）	浙江象山
石屋洞的水	屠阿根（讲述）；薛炳元（整理）	浙江象山
徐福夜游西沪港	李良才（讲述）；张利民（整理）	浙江象山
徐福与玉鱼山	陈清波（讲述）；陈朝晖（整理）	浙江象山
茅洋蓬莱寺的来历	陈先富（讲述）；顾圣亚（整理）	浙江象山
徐福夜访新罗岙	任树生（讲述）；徐能海（整理）	浙江象山
登瀛门的由来	乐家凯（讲述）；曹平毅（整理）	浙江象山
姜炳璋寻找蓑衣岩	李良才（讲述）；张利民（整理）	浙江象山
徐福与蝙蝠结朋友	尹阿常（整理）；倪水汶（整理）	浙江象山
徐福留字	居民群体传承；犁萌、邵鹏（整理）	浙江象山
徐福与乌饭团	朱永林（整理）	浙江象山
水牯岩的传说	魏章竹（整理）	浙江象山
梓树脑	许昌标（讲述）；徐能海（整理）	浙江象山
徐福点化水牯岩	曹明斌（讲述）；倪水汶（整理）	浙江象山
徐福的后人——徐家岙人	陈春林（讲述）；陈伟理（整理）	浙江象山
徐福救难	韩培跃（讲述）；朱永林（整理）	浙江象山
徐福抗台救灾的传说	盛鑫夫（整理）	浙江象山

徐福拜师鬼谷子	房立中（整理）	浙江慈溪
徐福拜张仙	佳方（整理）	浙江慈溪
苏州客人造凉亭	滕占能（整理）	浙江慈溪
年轻的"太公"	黄柏生（整理）	浙江慈溪
龙门坊	黄松茂（讲述）；滕占能（整理）	浙江慈溪
挑山的故事	黄柏生（整理）	浙江慈溪
达蓬桥	罗胜荣（讲述）；滕占能（整理）	浙江慈溪
黄天琼与练兵场	滕占能（整理）	浙江慈溪
瑶丝娘娘	滕占能（整理）	浙江慈溪
徐久堂名和徐家祠堂	黄月华（讲述）；滕占能（整理）	浙江慈溪
秦始皇求仙	虞章懋（讲述）；滕占能（整理）	浙江慈溪
蛟门缺	柯非（整理）	浙江慈溪
秦始皇与观扈楼	史磊（整理）	浙江慈溪
上皇庙	瑞兴（整理）	浙江慈溪
石井老龙与龙棒石	滕占能（整理）	浙江慈溪
秦渡庵作证	黄柏生（整理）	浙江慈溪
海天一览亭的传说	夏贤义（整理）	浙江岱山
紫霞洞的传说	周波（整理）	浙江岱山
马齿苋与柃木	岱山徐福会（整理）	浙江岱山

[叁]我国其他地区的徐福东渡传说

我国其他地区的徐福东渡传说也各有特色，大致围绕徐福出海前的准备，与秦始皇的周旋，徐福身世等展开传说故事。山东琅玡、龙口及江苏赣榆等地有关徐福身世、徐福与秦始皇周旋的传说较多；河北千童主要为跟随徐福出海的三千童男童女的故事。

[肆]我国其他地区徐福东渡传说故事

徐福与莱山

山东龙口　整理者：龙口市徐福办

秦始皇吞并六国之后，威震四海，暴制天下。他征调天下百万民夫在咸阳一带建造阿房宫。那些被征调来的民夫，顶风雨，冒寒暑，没日没夜地向山上扛送大块石料，搬运粗重的木材，大批民夫累死在山间，暴尸荒野。

一天，玉皇大帝踏着云朵来到骊山峰，从空中往下一瞧，真是惨不忍睹啊！便决意想法解救这些劳苦民夫。

这一天，民夫们劳累了一天，到了夜晚在睡梦中看到玉皇大帝飘飘忽忽地来到他们面前，慈祥和悦地说："你们如此劳苦，吾心不忍。东山坡上有一块青色大石，那下面藏有红线一束，你们可去取出，一头放在你们所搬运的大石、木料之上，一头握在手中，轻轻一拽，便可不费吹灰之力把这些大石、木料运上山顶。"在劳动的间隙，民夫们悄悄地议论起来。这个说："我梦见玉皇大帝对我说，东山坡上有块大青石，下面藏有红线一束，可以解救我们眼下的劳累之苦。"那个说："我也梦见玉皇大帝对我这样说过。"于是大家商量着派两个人去东山坡上搬开那块大青石看个究竟。

第二天清晨，两个民夫瞅着看守不在眼前，在大家的掩护下，偷偷地跑到东山坡上一看，确实有块大青石，搬开那块大青石，发现里面藏有红线一束，便高高兴兴地把它取了回来。大家遵照梦中玉皇大帝所嘱咐的办法，一头握在手中，一头放在大石、木料之上，轻轻一拽，百斤大石便轻飘飘地给拽上山顶了。大家看到这种情景，万分高兴，将红线截成数百缕，每人手握一缕，如法向山上搬运大石、木料。守官和武士们听民夫们说这红线是玉皇大帝所赐，急忙禀告秦始皇。秦始皇一听，便降下圣旨，命令守官、武士强行把民夫手里的红线收回，又让工匠用这缕缕红线夹上牛筋制成了一条"神鞭"。

当秦始皇东巡到黄县境内，登上莱山祭祀月主神时，徐福以其齐郡北海著名方士的身份，在黑影庙月主行宫拜见了秦始皇，在他面前讲述了渤海中有三神山，那里长有长生不死之药，愿冒死取回献给秦始皇，让他吃了可以万寿无疆。秦始皇听了心里十分高兴，把徐福擢为近臣，陪着自己在莱山上、北海之滨巡视游览。

一天清晨，秦始皇来到莱山顶峰看日出之景，对徐福说道："你看这海疆虽然辽阔，但不能随意踏行。待朕用神鞭把这绵亘数十里的莱山赶下去填海开疆，一直赶到那日出的地方，便可驾车去遨游日出之地，探看日出之景了。"徐福心想：秦始皇如此赶山填海，岂不使江海改颜，山河变色？一定要设法保住莱山这神仙宅窟之地。

且说徐福这天夜里正在熟睡，忽然被雷鸣电闪惊醒，睁眼看到莱山山神立在窗前。他脸色慈祥，精神矍铄，慢吞吞地对徐福说："秦始皇腰间藏有神鞭，想用它赶我莱山去填北海，你一定要设法阻止。我的主峰东面有一洞窟，内藏我用莱山龙湾清冽之水酿成的千年佳酿。你可用此酒设法把秦始皇灌醉，盗取他的神鞭，确保莱山平安。"说话间莱山山神的身影消失在大雨闪电之中。

徐福急忙望空揖拜，口中祷念道："山神有托，凡夫岂敢怠慢。一定效力，万死不辞！"

第二天，雨过天晴。徐福来到莱山主峰东面寻找山神指点的那坛千年佳酿。他跨涧谷，攀陡崖，终于在一个山洞里找到了仙酒。又寻来牛筋和红线，照着秦始皇那条神鞭的模样，仿制了一条假鞭缠在腰间。一切准备妥当后，徐福带着那坛仙酒去月主行宫拜见秦始皇。"微臣得了仙酒，献给吾皇。望吾皇饮了它，脱去凡骨，寿比仙家。"秦始皇听了，笑着说道："此酒饮了果真能够成仙？快快打开斟来我喝。"徐福道："吾皇若想饮酒成仙，必须一人处于清静之室，不与外人接触，方能修成归真。"秦始皇听了信以为真，待到夜间，便命人在大殿的西阁设下香案，只许徐福一人在殿内侍候，其他任何人不得进殿干扰。他坐在阁内，打开徐福带来的仙酒自斟自饮起来，不一会儿便醉倒了。徐福乘机走进阁内，从他腰间把那条神鞭取了下来，又把假鞭换上。秦始皇烂醉如泥，任凭徐福解衣翻身全然不知。

徐福手执秦始皇的那条真鞭，心里却想：如果一夜过去，秦始皇从醉乡中醒了过来，看到自己并未成仙，定会降罪于我，那便如何是好？他在大殿之中踱来踱去，寻思应对之计。待到五更时刻，天空中狂风卷着乌云，乌云搅着闪电，突然，一个火球滚至大殿的檐下，接着咔嚓一声霹雳，一道火光升起，烧得檐头噼啪作响，月主行宫里侍卫秦始皇的文臣武将都跑了出来救火。

秦始皇在蒙眬之中只觉得眼前一道火光划过，猛然被霹雳惊醒。听殿外人声鼎沸，他心里又怒又惊，便大声呼喊徐福。徐福立即跑进殿内来见始皇并说明经过。秦始皇问徐福道："现在五更将尽，一夜即将过去，怎么朕还没有成仙的感觉，是何原因？"徐福急忙回答道："哎呀！吾皇成仙眼看就要成功，谁知天公不作美，划了一道闪，送来了一个雷，带来了一把火，把那仙灵给惊跑了。吾皇想成仙，只有等待微臣再得仙酒，献给吾皇，那才能成功。"秦始皇听了沉思片刻，愤愤地说道："朕这次未能成仙，一定是北海龙王从中破坏，否则哪儿来的这霹雳火球？待明日朕把那莱山赶去填海，灭灭北海龙王的威风。"

话分两头。且说这月主行宫上空突如其来的闪电霹雳，正是北海龙王命风婆雷公抖起大风，划出闪电，击起霹雳，放出火球，烧了殿檐，给徐福以逃责之机。

秦始皇在月主行宫里休息了一天，第二天在徐福的伴驾下来到莱山上，要用他的"神鞭"驱山填海。只见他登上莱山顶峰，从腰间解下那条"神鞭"握在手中，对身旁的徐福说："你替我吆喝几声，令那莱山山神知道，朕要赶他去填海，不得怠慢。"徐福立即立于山崖之上，大声呼喊："莱山，莱山，你听着，今有大秦始皇要赶你去填北海，你不得怠慢！"待徐福喊声刚停，秦始皇举起了"神鞭"，照着莱山的峰顶猛击了三鞭，但那莱山竟然一动不动。秦始皇顿时怒发冲冠，用尽了平生之力，挥臂一连击了十八鞭，转回身又轻击了七十二鞭，莱山被他击出了十八大夼、七十二山涧，但整座山峰丝毫未动。秦始皇筋疲力尽，弃鞭于地，气急败坏地仰天长叹道："唉，朕未想到此山乃是一座懒山，懒山！"因此，人们曾经把莱山叫作"懒山"。当年秦始皇用"神鞭"打出的十八大夼、七十二条山涧现在仍在。

徐福与登瀛门

山东龙口　整理者：龙口市徐福办

却说徐福将渡海所用的楼船造好，命令齐郡各地征集的童男童女、百工等向黄县集结，准备扬帆渡海。这时，徐福既高兴又愁肠百转。他高兴的是，眼看他费尽心机筹划渡海出走的计划即将实现；他愁的是，妻子、老母以及徐氏族人是否要一起带走。秦始皇若得知他将老母妻室及同族之人全都带走，必然心生疑忌，识破他渡海不返的目的，"灭九族"之罪便难逃脱。他们若留下，一旦自己渡海不返，秦始皇必然拿他们问罪，他岂不要负那不孝不悌的骂名？想来想去，他还是决定不带老母妻子。

这一天，徐福回到家中，对夫人道："秦始皇命我率领三千童男童女，去那大海之中的三神山上给他寻找长生不死之药。那长生不死之药是有是无，难以料定。如果寻它不到，秦始皇岂能罢休？所以，我已做了一去不返的打算。这侍奉老母的重担，要落在夫人身上了。"徐夫人听了，含着眼泪说道："你尽管放心去，这侍奉老母之事你不用挂心。"徐福又对夫人道："我走之后，徐乡城里，你们便无法居住。我想将周戈留下，做你的臂膀。他虽年轻，但老成持重，善思善虑，事有大小，可同他商量。徐乡西端，濒海有一半岛，三面临海，下有山洞数处，我称它为'几木岛'。我走之后，待有一天秦始皇要拿你们问罪，你可让周戈带领全家去那岛上暂避一时。"

这天晚上，徐福又在家中设下酒宴邀请同族的父兄长辈前来赴宴，计议逃难之策。徐福道："我准备去那大海之中的三神山上取长生不死之药，但那三神山据说乃神仙居住之处，十分难寻。晚辈此去可能有去无还。我若渡海不还，秦始皇岂能善罢甘休，必然拿我徐姓族人问罪，这样将给父兄长辈带来不幸。今天请诸位父兄长辈来此，就是请诸位及早投亲靠友，疏散各地，暂避起来。而这灾难我想绝不会持久，我徐氏家族定会重见天日。"众父兄长辈听了点头称是。

徐福又将周戈叫到他的书房里，对他道："渡海寻仙之事我已准备妥当，可能近期即将起航东渡。我可能有去无还，我的老娘及你师母，我决定不带她们同去。今日我把她们托付给你，你要好生照顾。"周戈含泪点头应允。

各地的童男童女、百工以及武士向现在的黄县一带集结（那时这里还未建城，只有一庄，名叫"黄冠里"），当各路队伍赶到的时候，徐福让人们搭起帐篷，以供东渡人员歇息。周围乡里的人们听到这一消息，有的带着食物，有的抬着热汤，纷纷前来慰问这些出海求仙药的勇士们。

童男童女、百工、武士在黄县歇息训练了七天，然后按每艘船所载的人数搭配成小分队，便由徐福率领从黄县东门一带出发（此门后改称为"登瀛门"），沿着绛水河浩浩荡荡地来到黄河营渡口。

这时，黄河营渡口更是热闹。你看那千艘风帆一排一排地靠在岸边，船上旌旗猎猎，樯橹刺空。水手们在忙忙碌碌地整理着风帆，一堆堆的梧桐木屐堆在岸上。徐福站在岸上，按着甲、乙、丙、丁的编号指挥各队东渡人员登上楼船，并命令他们登船时每人领取木屐一双提在手中。

黄河营渡口的四周站满了密密麻麻的人，有的是来看热闹的，有的是来送自己的儿女或兄弟姐妹的。呼喊声、议论声、笑声、哭声交织在一起，真是如沸之鼎，如噪之鹊，沸反盈天，整个黄河营渡口乱作一团。时近未时时分，各队童男童女、百工、武士依次登船，徐福也匆匆登上一艘大楼船，手挥龙旗发令升帆解缆开船。各艘船上的水手们看到徐福楼船上的风帆率先升起，便一齐解下船缆，拉起风帆起航。这时，岸上的人群不顾武士的阻拦忽地冲向岸边，有的拉住缆绳放声号哭，船上的童男童女、百工也与岸上的亲人挥泪告别。徐福一看缆绳被群众拉住，难以起航，正无可奈何之际，偶然回头向海上一望，只见桑岛以东海面上，烟云明灭之中映出岛屿数座，上面宫殿楼阁、林木佳禽隐约可见。看到这一情景，徐福心想：秦始皇当日在丹崖山上看到这一情景时为之神魂颠倒，认为是仙岛显灵。事到如今，我何不以此来安慰岸上那些哭闹不休的送行人。于是，他便大声呼喊道："父老乡亲们，大家快向东看，海上三神山上的仙人显灵啦！"人们听到他的呼喊，敛住悲声，顺着徐福所指之处望去，果然是一派仙居神府的景象，纷纷议论起来。有的甚至望空而拜，祈祷神仙保佑自己的亲人渡海平安。徐福看到群众情绪已趋平静，便又大声呼喊道："我等这次渡海就是去找这仙居之岛。那里万物皆异，更有灵芝仙草，食了可以长生不死。待我等去见得仙人，寻到灵芝仙草，带回它的种子，撒于神州大地，让它生根结果，你们便可长生安康，脱离贫困之境，这是何等的好事，你们何用如此哭喊不休！"说话之时，天空云朵千变万化。突然，在阳光的反射下，云间形成一道紫色光柱直投大海，海面上顿时泛起朵朵紫花，闪烁灿烂。徐福见此情景，越发精神抖擞，提高嗓门呼喊道："父老乡亲们！请看这是仙岛上降下的紫气。让我等追着这紫气，穿着这双木屐顺利登上瀛洲仙岛！"说着，他举起手中的木屐挥动着，向群众致意。人们听了徐福的这一番话，又看到眼前的神奇光景，心中的千缕牵挂万种忧愁顿时消散大半。大家都停止了哭泣，放下了拉住的缆绳，异口同声地喊道："神仙保佑你们去吧！"徐福见此情景，迅速发令升帆解缆起航，并挥动着手中的木屐继续喊道："乡亲们，待到我们成功之日，一定会穿着这双木屐踏着仙山降下的紫气回来同你们团聚的，你们请回吧！"岸上的人齐声响亮地喊道："神仙保佑，神仙保佑！"这时，港湾里千帆升起，遮天蔽日，楼船鱼贯驶入大海。天空中的幻景渐渐消失，岸边上的人们逐渐离去，唯见海面浮着千点白色的风帆，像翱翔的天鹅向徐福朝思暮想的蓬莱、方丈、瀛洲仙岛飞去。徐福以他的才智与胆略完成了我国航海史上的创举，拉开了历史上中日人民友好交往的序幕。

开化寺与千童镇

河北省盐山县千童镇　讲述者：韩志过、柳福祥、王二豁等　整理者：肖政

　　说起开化寺与千童镇，可有讲头。世上的地名千千万，为什么把这地方叫作"千童镇"？镇里建一座寺，皇上赐名叫"开化"，因由就更大啦。

　　秦始皇统一六国当了开国皇帝，总是心神不定，怕自己争争杀杀好不容易得来的江山坐不长就死了，就变着法儿求神拜佛，寻找长生不老药，想多活几年。人吃五谷杂粮，哪有不死的？可他就是迷

了这个窍儿。身边的大臣们都看着皇帝的脸色行事，今天出这个招儿，明天出那个招儿，目的就是讨好皇帝好升官发财。有个叫徐福的人，仗着能言善辩会方术，也在朝里做了官。他出了一个主意，带着童男童女下海去瀛洲求仙，能要来长生不老药。秦始皇当了皇帝，普天下都是他一个人的，他也不管破费有多大，只要能找来长生不老药就行，于是就批准了徐福的奏本。这样一来，本来不出名的徐福，就变成了钦差大臣。

徐福这人鬼精灵。他也知道天下没有长生不老药，更不知道瀛洲在哪里，在朝堂上出这个主意的时候，也是顺口而出凑热闹，没想到秦始皇当了真，把差事落在他的头上。他回到家里开始发愁，不办就是欺君之罪，满门抄斩。于是，他打点行李，带着一帮人马来到了渤海边上的饶安县。

徐福一住下，就去找过去结识的几个饶安朋友，想让他们帮着出主意，求来长生不老药共享荣华富贵。哪知朋友们一听，都大眼瞪小眼，埋怨他在皇上面前多嘴惹祸。徐福一看这阵势，也急了，说："我多嘴，我该死！可海里有仙山琼阁的事，不是你们告诉我的吗？"朋友们说："是我们告诉你的不假，可那是一块儿喝酒时当奇事说着玩儿的，也是听下海打鱼的人说见过，咱们谁也没去过呀，怎么能当真事告诉皇上呢？"徐福听了这话，立时傻眼了。

原来，这些朋友告诉他海上有仙山琼阁的事，就是太阳映出的幻影，叫作"海市蜃楼"。没影的事儿，徐福当了真。朋友们见徐福发愁，就给他说宽心话："到了这地步，你也别着急了。愁坏了身子，还有一家老小哩。皇上让你下海求仙药，你就带着人马下海去找，转它个三年五载的再说。"也有的说："你有圣旨在手，州县的钱粮人马任你调，不愁吃不愁穿的，转几年回来，说不定皇上早忘了这码事了呢！"也有的说："对，是这个理儿。如果皇上还记着这码事，你就给他编个瞎话，说神仙见到了，嫌送的礼不好，不给长生不老药。"大家你一言我一语，替徐福想向皇上交差的主意。

徐福虽精明，这时候也没了招数和退路，心里想：这回全完了，偷鸡（投机）不成倒栽进了杀笼里。可他表面上不言不语。回到住处，他给州官、县官们说了句"我要去探探求仙路"，带着几个心腹走了。实际上他是采纳了朋友们的主意，混一天算一天，沿着渤海岸游玩起来了。今日到这座山，明日游那条水，过州吃州，过县吃县，陆地上逛烦了，就叫人驾着船到海里逛，日子过得挺开心。

徐福开心了，秦始皇可不高兴了。自从徐福出了京，他天天盼着找到长生不老药的消息。开始用书信催，后来派人催，都没音信，秦始皇就亲自出京来找徐福了，历史上这叫"东巡"。为了催徐福早点找到长生不老药，秦始皇不到十年就连着三次东巡。

头两次东巡，徐福编了点瞎话还能把秦始皇糊弄过去。到了第三次东巡，龙颜大怒，说徐福再找不来长生不老药，就要把他和全家人下油锅炸死，灭九族。

徐福被逼到这分上，也只有下海求仙这一条路了。他提了三条要求：一是下海求仙要多带金银珠宝；二是要三千童男童女相随；三是要五百能工巧匠和五谷百种。这些条件，如果是徐福个人要求的，秦始皇非杀了他不可，徐福精灵就精灵在把这些条件都说成是海里神山上的神仙要求的。秦始皇求长生不老药心切，没有多想就答应了，还派了两千金甲武士护卫。这一下，饶安可惨了！

两千金甲武士要吃要喝，这么大的举动，要打造几百条大船，打船的、打铁的、运送木材铁石的有上万人，也要吃要喝，一个小小的饶安县，能经得住这么折腾吗？最让人受不了的，是要挑选三千童男童女和五百能工巧匠，官府为省劲，挨着村庄门户查，只要男孩长得眉清目秀，女孩长得水灵俊俏的，见一个绑一个，发现一个抓一个。谁家的孩子不是父母养的，一把屎一把尿刚刚拉扯到十五六岁，一道圣旨就抓走了，能不哭天号地吗？能工巧匠们都是支撑门户的顶梁柱，用绳子一绑走，这家老老少少怎么过日子呀？一时间，村村哭声震天，家家天昏地暗，人们巴不得抓住秦始皇一口一口地撕巴撕巴吃了他。可一队一队的官兵把守着村口，这就是俗话说的胳膊拧不过大腿。

被抓的童男童女都囚在饶安城，男的住一个院，女的住一个院，一律大通铺，院外有重兵围着，院内有男官女官管着，让孩子们操练步伐、礼节，衣服也都换上了皇家发的。从此，饶安城又得了一个名，叫"千童城"。墙里儿女想爹娘，墙外爹娘想儿女，互相都能听见哭声，就是见不上面。白天还好点，一到夜里，城里城外都一片哭声，连守城的官兵也跟着落泪，可谁也不敢违抗圣命。

准备了几个月，皇上从各地搜刮的金银珠宝都备齐运来了，下海的大船也造好了，择了一个黄道吉日——农历三月二十八，就把三千童男童女和五百能工巧匠押上了船。那船有一百多艘，船上旌旗飘扬，站着刀枪明亮的官兵，也真是威武气派啊！无棣河两岸百丈以内都有官兵列队把守，不让老百姓靠近。徐福和送行的官员们祭拜了天地，放了六十响礼炮，就登船起锚开船了。

聚在两岸的老百姓，都是来给亲人送行的。自从丈夫、儿女们被抓，还没见过一次面说过一次话哩。这时候，眼瞅着亲人们被押上船顺着河要漂走了，今后是生是死都不知道，一个个都急红眼了，也不顾官兵的砍杀阻挡，哭着喊着叫着骂着涌上了河岸，恨不得跳上船去。船上的童男童女和能工巧匠看见亲人们在岸上招手哭喊，也跟着哭喊，但他们被绳子串起来绑着，连站也不能站起来，只能眼睁睁看着亲人越来越远。岸上的亲人们看到船上的亲人只能喊不能动，不少人就跳进水里追。无棣河有几百丈宽、十几丈深，不等人追上船就被大水淹没，顺河冲进海里了。站在船头的徐福也止不住用袖子擦眼，最后他扑通一声跪倒，冲岸上捶胸顿足哭叫的乡亲们直磕头作揖。

　　经过那场面的人，多少辈子也不会忘记骨肉分离的情景。小小饶安县，本来又富饶又安宁，经秦始皇这么一折腾，一下子走了几千口子人，元气大伤，留下的人没心思再过日子，土地荒了没人种，房屋破了也没人修。年复一年，富饶县变成了穷盐山。

　　几千人一去没了音信，人们想念自己的孩子和丈夫，天天夜里做噩梦，不是梦见大海的浪头把船打沉了孩子们哭喊着叫救命，就是梦见死无葬身之地的冤魂来向家人哭诉在外面遭受的苦难。张家做这样的梦吧，李家也做这样的梦。王家村有这样的事，韩家村也有这样的事。一时间，奇梦怪梦，奇事怪事，把个饶安县搞得沸沸扬扬，鸡犬不宁。县官害怕，就找人刻了一块"千童碑"祭奠，还是不顶用。

　　不久，改朝换代。汉高祖刘邦知道了这件事，说这是那些死在外乡的冤魂缠得饶安人不安宁，就把县名更名为"千童县"，意思是让全县人世世代代不要忘记那些童男童女和能工巧匠们，每年按时祭奠他们。朝廷体谅这一方人的苦难，也不来收租收税了。可几千条人命的大事，人们还是不能忘记，恨还是不能消。朝廷怕老百姓闹事，后来就把原饶安县南的地方划给山东了，县城也搬到了浮水（今孟村回族自治县县城）了，饶安城就称"旧县镇"。

　　到了北魏，我们国家和日本有了来往，才知道入海求仙找长生不老药的徐福和三千童男童女、五百能工巧匠们没有死，他们漂泊到日本岛，在那里安家立业传宗接代了。要不，咋日本人的长相和穿衣打扮都和中国人差不多呢，念书的文字也都有一多半是中国字。这事儿传开了，朝野震惊，皇上就拨款在旧饶安城立"千童碑"的地方建了一座开化寺。开化，那就是中国人开化日本人的意思，寺里供奉的就是徐福的像。每年农历三月二十八，是徐福带着童男童女和能工巧匠的出海日，也是开化寺的庙会日。方圆百里的人都扶老携幼来这里烧香磕头，说是求福保平安，实际上是祭奠那些死在异乡外土的几千亡灵。

这祭奠也有讲头。每年一次庙会，叫"小祭"；六十年才一大祭。为啥六十年举行大祭，人六十年一个生死轮回，叫"甲子一周"。所以每逢甲子年就举行大祭，意思是让死在异乡的魂灵在转世时回到故乡来。大祭的时候还有抬阁表演，三十六个壮汉抬着一个大木架子，木架子上竖一根几丈高的杆子，杆子顶有个木斗，斗里是从镇上选来的聪明伶俐的童男童女。抬阁表演从开化寺开始，沿街转，杆顶斗里的小男孩和小女孩一路表演节目。转完各条街道，就来到镇东口，面向东方磕头祭拜，召唤漂流在远方的亲人魂兮归来。

开化寺曾遭火灾损毁，现在只剩下一个旧塔座。可每年农历三月二十八还是有庙会活动，一年也没断过。人们忘不了那些下海去求仙药的人们。

附: 我国其他地区的徐福东渡传说部分篇目

篇名	传承人/记录人	流传地区
徐福与莱山	龙口市徐福办	山东省龙口市
徐福与登瀛门	龙口市徐福办	山东省龙口市
鞭山填海		山东省荣成市
秦桥崩塌		山东省荣成市
羞见读书人		山东省荣成市
成山松		山东省荣成市
老君炉		山东省荣成市
链船湾		山东省荣成市
三员"大匠"	于富荣、贾振帮、路满金（讲述）；朱彦华、范洪胜（整理）	山东省荣成市
徐福为啥带童男童女	周立堂（讲述）；南舟（整理）	山东省荣成市
童男豆腐	韩春鹅（讲述）；安勇、范洪胜（整理）	山东省荣成市
"瓜哥儿"和"豆儿姑"	魏国亮（讲述）；安勇、范洪胜（整理）	山东省荣成市
开化寺与千童镇	韩志过、柳福祥、王二豁等（讲述)；肖政（整理）	河北省盐山县千童镇
秦始皇杀医生	张爱国、薛礼义（讲述）；白泉（整理）	河北省盐山县千童镇
秦始皇微服访徐福	张爱国、薛礼义（讲述）；白泉（整理）	河北省盐山县千童镇
大山、小山和赶山鞭	路方春（讲述）；安勇（整理）	河北省盐山县千童镇
医药庄的传说	安勇、王振清（整理）	河北省盐山县千童镇
徐福三见秦始皇	晓亮（整理）	河北省盐山县千童镇
徐福三次出海	薛礼义（讲述）；白泉（整理）	河北省盐山县千童镇
长生果的来历	张万顺（讲述）；南舟（整理）	河北省盐山县千童镇
徐福用计出航	崔宝志（讲述）；朱彦华（整理）	河北省盐山县千童镇
徐夫人舍身祭海	钱仁生（讲述）；白泉（整理）	河北省盐山县千童镇
徐福测字收徒	刘全兴（讲述）；南舟（整理）	河北省盐山县千童镇

徐福买包子	李冠路（讲述）；范洪胜、安勇（整理）	河北省盐山县千童镇
徐福镇压王八精	尚金才（讲述）；邓秀茹（整理）	河北省盐山县千童镇
徐福除孽龙	王振清、安勇（整理）	河北省盐山县千童镇
兴龙淀的传说	孟祥俊（整理）	河北省盐山县千童镇
四女寺河的来历	刘树成（讲述）；刘建华（整理）	河北省盐山县千童镇
阿晨观音	张爱国、薛礼义（讲述）	河北省盐山县千童镇
朱龙树和朱龙村	朱彦华（整理）；刘增麟（搜集）	河北省盐山县千童镇
童养媳和小乞丐	朱彦华、王振清（整理）	河北省盐山县千童镇
金童和玉女	朱彦华（整理）	河北省盐山县千童镇
日本兵偷"千童碑"	当地老人讲述	河北省盐山县千童镇

[伍]日本、韩国的徐福东渡传说

（一）徐福东渡传说在日本

目前徐福东渡传说遗迹在日本有二十多处。徐福在日本各地或是作为带来先进技术的人物，或是作为神受到人们的祭祀。

徐福率领的船队到达日本之后，对当地社会经济起到了很大的推动作用。因为他们有统一的领导，有铁质的武器和工具，这些和当地的民族文化传统融合起来，形成了一种新的文化，那就是弥生文化。弥生文化是一种农耕文化，人们定居下来形成的村庄，由小变大，不断扩大，促成了日本国家的产生。

在佐贺，流传着一段二千二百年前为寻找长生不老仙药东渡来日本的徐福与他深爱的女子阿辰之间的纯爱故事。

二千二百年后的今天，在佐贺市的千布，依然可以看到一位老

日本川崎小学的徐福宣传画

婆婆捧花献茶供奉阿辰观音。她就是住在离阿辰观音不远的金立町千布的真岛女士。当问及真岛"您是从什么时候开始这样供奉花和茶的，是什么缘由让您一直这样守护着"时，真岛回答："我是奉母之命。身为长女，我一直这样坚持参拜。我的母亲也和我一样，说是听从自己母亲的嘱咐一直供奉阿辰观音。这是我们家从祖上一代又一代口口相传延续下来的。"

相传二千二百年前，中国秦朝方士徐福奉秦始皇之命寻找长生不老的仙药，远渡重洋，途经有明海，从现在的佐贺市诸富町浮盃登陆。徐福上岸后，直奔据说生长着仙草的金立山。在金立山山麓（现在的金立神社附近），他遇到了住在那里的源藏。徐福告诉他：

阿辰观音

"我们是奉秦始皇之命寻找长生不老的仙草来的。"源藏说:"明白了。我来带路吧。" 爽快地答应做向导。

之后,徐福在源藏家暂住下来,请源藏带路,找遍了金立山以及背振山脉一带。在此期间,他见到源藏的爱女阿辰。阿辰聪明美丽,温柔大方,徐福被她所深深吸引,而阿辰也对仪表堂堂的徐福产生了爱慕之情,二人不知不觉坠入爱河。

过了一段时间,徐福在金立山中发现了寻找已久的长生不老草药杜衡。后来,徐福有事远行,出发前对随从说:"我将踏上旅途,请你转告阿辰,五年后我会回来。"

当时,翻译误将"五年"错传成"五十年"。听到误传,阿辰感到绝望，因相思病而卧床不起，临终前，阿辰留下遗言："我没有实现自己爱的心愿，假如有人祭祀我，向我祈愿，我一定实现你的愿望。"村里的人心怀悲伤，充满同情，塑造了"阿辰观音"，每天捧花献茶来供奉她。

从此之后，阿辰观音被誉为成就恋爱的"缔结良缘神"。直至今日，仍有众多青年男女前来祈愿爱情圆满。据说参拜人的祈愿真的很灵验。

徐福和阿辰的逸事，成为佐贺当地人们口口相传的纯爱故事。

（二）徐福东渡传说在韩国

韩国济州岛的西归浦和庆尚南道南海郡的锦山地区，流传着很多关于徐福的传说，主要围绕徐福寻找仙山仙药，千童百工在当地落脚，生息繁衍，徐福留字等内容展开。韩国的地方志、传说、地名、民谣、说唱等，无一例外地都将徐福称为"徐市"；在民间，"徐市"这一称谓是深得人心的。济州岛上的海女歌谣的歌词里也有描述徐市的内容。

当地传说记载，徐福团队到达济州岛后，发现这里条件恶劣，生产、生活资料都很匮乏。严冬已临，冰雪骤至，已备的给养行将告罄，连准备明春播种的种子也所剩不多，徐福一行深感准备不足，萌发了先回国再作打算的想法。

严冬已过，春寒料峭，徐福向下属宣告了回国的决定，大部分人

韩国济州岛"三姓文化"传说中三对新人结婚的洞穴

都表示赞同，但是却有三个小伙子坚决不肯回去。因为他们的亲人都已在战乱中死亡，他们对秦始皇的残暴和苛政刻骨仇恨，即使饿死异乡也不愿再回到秦始皇的统治下苟且偷生。

也有民间传说，这三个人是兄弟，他们的父亲名叫高良夫。三兄弟留在济州岛等徐福回来，一等就是七年。徐福七年后东渡日本，得知这三个青年还在济州岛苦等，感叹之余，在三千童男童女中专门挑选了三个女子送去济州岛，给他们完婚。

三个小青年在码头上迎接了"三公主"，在婚姻池里洗了澡，在

韩国济州岛"三姓文化"传说中的婚姻池

天然的山洞里成了亲。后来他们分居济州岛各地，据说依父名的谐音分姓高、梁、傅，如今已成济州岛上的三大姓。

济州岛"三姓文化"的渊源深远，直到如今，三个小伙子迎亲的码头延婚浦还在，三个小姑娘洗澡的婚姻池犹存，三对新人结婚的洞穴（一个出口，三个分室）依旧。而徐福一行西归中原的码头西归浦，现在已经扩建为西归浦市了。

韩国济州岛"三姓文化"传说中的延婚浦

徐福东渡传说的民间信仰和风俗

与道教、佛教文化相结合，使在江浙一带的徐福民间信仰与风俗更加丰富绚烂。

徐福东渡传说的民间信仰和风俗

徐福东渡传说是中、日、韩三国共同关注的话题。在日本，徐福是作为日本先民的引导者和日本文化的开拓者的形象出现的，因此日本各地对于徐福的崇敬程度要超过中国，由这种崇敬心理而引发的祭祀活动也层出不穷，热闹红火。为了缅怀徐福，南起鹿儿岛、北至青森县，先后兴建了六尊徐福雕像。日本徐福遗迹相关地区也纷纷兴建徐福长寿馆、徐福文库、徐福资料馆。在日本佐贺市每年都要举行盛大的纪念活动。1991年，日本还成立了以恳亲、交流为主旨的日本徐福会。韩国济州岛西归浦市于2005年建成了徐福纪念馆，陈列着徐福奉秦始皇之命到济州岛寻找长生不老药的史料。现在又有一座韩国唯一的中国文化主题公园——徐福公园对外开放。

[壹]浙江徐福东渡传说的民间信仰和风俗

徐福东渡传说在浙江影响巨大。从纵向看，唐代开始，其后宋、元、明、清直至民国时期，徐福东渡的事迹在浙江的史志上都有记载，各时期根据史料提供的素材，产生了大量的民间故事和诗文。从横向看，对徐福在浙江隐居、起航等问题，各地根据所处的特殊地

徐福文化节活动上的祭天仪式

理环境和史料内容，产生了许多不同版本的故事和诗文。这些传说在象山、慈溪、岱山 、舟山、台州等东南沿海一带广为流传。

　　这些传说后与道教、佛教文化相结合，使在江浙一带的徐福民间信仰与风俗更加丰富绚烂，道观与寺庙的兴起为民间信仰的发展与传播提供了空前的机遇。如在慈溪的达蓬山上有一佛迹洞，洞内崖壁上有一硕大的脚印，民间将此看成是徐福在此修炼时所留下，也有的说是观音菩萨去普陀山时所留，与普陀山的观音跳正好是左右两脚。在达蓬山下岙底徐村的徐福庙内，人们把徐福称为"老爷菩萨"，前去参拜之人络绎不绝，徐福已不再是徐氏祖先的偶像，而演变成了能治病救人，预知凶吉祸福之神。有关徐福东渡的各类传说也不再因渡海未归而遥不可及，而是成为了当地的一方保护神来传颂，并且受人崇拜。

（一）浙江象山

徐福在象山隐迹两年，足迹遍及象山半岛各地，留下的踪迹和民间传说十分丰富。

在象山有一首民谣是这样说的："蓬莱山下蓬莱泉，蓬莱泉旁蓬莱人。蓬莱人筑蓬莱观，蓬莱观修蓬莱仙。"原来象山的蓬莱观就是来蓬莱山的蓬莱人徐福修建的。后来蓬莱观供奉的蓬莱仙就

蓬莱观大殿竣工庆典

是徐福。

传说自从徐福那天上山掘得蓬莱泉后，满心欢喜，想不到皇天保佑，一上山便得到宝泉，始知蓬莱山有仙灵。这天晚上他做了一个梦，梦见蓬莱仙子向他走来，对他说："谁说蓬莱缈缈中，蓬莱原在你心上。"他恍然大悟，感谢仙人指点，决定在这里暂时住下。第二天他便命令百工匠砍树伐木，在蓬莱泉旁筑蓬莱观。他要在这里祭拜天地，恳请神山仙灵帮他求得长生不老之药。

徐福带来的工匠个个都是高手，说干就干，伐木的，烧砖的，筑屋的，不过十天半月，便筑起了一座辉煌的蓬莱观。周围还筑了许多崭新的茅屋，作为童男童女居住之处。

蓬莱观落成之日，天上乌云骤聚，下起大雨来。整整半天，不见雨脚稍停，大家都庆幸有了蓬莱观和新茅屋才免受风雨之苦。徐福在蓬莱观跪拜祝祷，下午时分雨已停歇，天边出现彩虹。这道彩虹好奇怪，就挂在蓬莱山西边山腰。徐福和上千童男童女都看到了这个奇景，感到半山必有奇异之处。于是大家披荆斩棘，奔向山腰，抬头一看，不见彩虹，只见顶上有一石穴洞开，洞中仙泉潺潺，洞外古木参天，这不就是仙境吗？徐福如醍醐灌顶，即率众童子参拜，方知此处为蓬莱山不虚。

后来，徐福便常在此洞中参座，这就是今天蓬莱山中石屋。徐福东渡后，蓬莱观就成为祭祀徐福的地方，享受着百姓千年香火。

如今象山县的蓬莱观已经在凤山头易地重建，石屋的蓬莱阁也举行过徐福神像奉安仪式。象山县文峰学校的学生出演的古装电视剧《徐福东渡》已经公映。

（二）浙江慈溪

宋宝庆《四明志》慈溪县卷记载："大蓬山又名达蓬山，在县东北三十五里。秦始皇东游，欲自此入蓬莱仙境，故名。"达蓬山上有千人坛，相传秦始皇曾在此祭海，盛大的祭海仪式至今仍在慈溪沿海地区流行。

慈溪市徐福研究会成立于1995年11月，曾与全国各地徐福研究组织进行过广泛的交流与合作，到日本、韩国及我国香港、台湾地区进行徐福文化学术访问和探讨，有上百篇学术论文在国内外刊物上发表。

慈溪市三北镇立有"达蓬仙境"牌坊，已建成的达蓬山徐福文化公园规模大、景点多，堪称一流。

达蓬山上最能证明徐福东渡的建筑是唐代所建的秦渡庵，据说是徐福东渡一千五百多年后留居慈溪的徐氏后人集资建造。徐福研究专家罗其湘先生曾说："这是中国唯一保留下来的徐福东渡的历史遗迹，非常珍贵。"

这些文化遗址的修建都为慈溪徐福东渡传说的流传以及信仰的发展提供了有形的物质空间。

达蓬山百工雕像

达蓬山童男童女雕像

（三）浙江岱山

浙江岱山自从唐开元年间开始，一千多年来一直被列朝命名为"蓬莱乡"。

2004年7月，岱山县举办了中国（岱山）徐福东渡国际文化节，有一百多名中外徐福研究专家和学者前来参加，其中日本学者就有二十六人。在隆重的开幕式后，来宾们乘坐仿古的"绿眉毛"（徐福东渡船）在长涂海域投放漂流瓶，举行祭拜仪式。日本徐福研究学者、江西徐福后裔、台湾徐氏宗亲会代表向徐福塑像敬献花篮。徐福文化国际研讨会收到学术论文四十三件，专家学者交流了研究成

中国（岱山）徐福东渡国际文化节

果，从历史、考古、民族、风俗、语言、交通、经济等多领域提出了许多新的学术观点，意在夯实徐福研究基础，拓展徐福研究外延，不仅仅争论起航地、登陆地之唯一性。

2006年6月至9月，岱山举办了历时百日的第二届中国海洋文化节，在以"华东第一滩"著称的鹿栏晴沙景区投资修建了祭海坛，这里传说是徐福东渡船队到达蓬莱仙岛的又一处上岸地点。

岱山县徐福研究会成立以来，五次参加在北京等地举行的徐福国际研讨会及山东琅玡、龙口，江苏赣榆等地的徐福纪念活动和浙江慈溪的徐福文化节。日本徐福会理事长饭野孝宥先生，神奈川县、佐贺县、八女市徐福会和一大批日本的徐福研究学者，以及韩国徐福研究学者、中国台湾徐氏宗亲会、内地的徐福研究界同仁都先后来岱山考察或参加相关的学术交流活动。

[贰]我国其他地区徐福东渡传说的民间信仰和风俗

（一）河北千童

千童信子节是千童县独具地方特色的文化节日，最早的形态便是为了表达对随徐福出海的童男童女的思念之情，于2008年被列入国家级非物质文化遗产名录。信子民间游艺活动，其特点是高、奇、险、惊，为全国一绝。此一活动与日本佐贺地区金立神社五十年一次的大规模徐福祭祀活动遥相呼应，反映了两国人民对徐福共同的敬仰。

"信子"之"信"，意指尊崇；"信子"之"子"，就是指随徐福出
海的童男童女。信子节最早出现于汉代。据相关人士介绍，公元前
209年农历三月二十八，秦始皇派徐福出海寻药，并从今千童镇一带
招募了三千名童男童女，还有百名能工巧匠。东汉班固著《汉书·荆
伍江息夫传》中记载："百姓悲痛愁思，欲为乱者十室而六。"起初
信子是极其神圣、庄严的祭祀活动，每逢甲子年的三月二十八，从
上午辰时开始，大约到午时结束。参加信子祭奠活动的全体人员，
由主事者带领，首先在开化寺千童殿举行开祭仪式。寺内僧人鸣钟
诵经后，身着仙童玉女服装的童男童女手持祭香和招魂幡，登上高
杆顶端，然后由壮汉们抬着游祭。行进中，高杆顶端的童男童女有

千童信子节

的举香叩祭，有的摇幡
呼唤：归来吧，回家来
吧……游祭队伍越走越
大，一直走完古镇四街，
才出东门到城外。古时，
东门外就是无棣沟，徐
福带的几千人就是从这
里走向大海的。这时鼓
乐齐鸣，人们跟着童男
童女拜天祭地，一遍一

遍地冲着东方呼唤……

民间有俗语:"去过京,串过卫,不如到千童赶庙会。"

信子活动所用的高杆高达十四五米,竖杆的顶端用铁棍、木板搭起小小的空中舞台,台上有童男童女表演各种艺术造型,扮成戏曲人物。其内容有"徐福东渡"、"天河配"、"吕洞宾戏牡丹"、"功满取经路"等。

支撑童男童女表演舞台的木杆下端,固定在由铁、木制作的架子上,架子上放着许多石磨盘、石块,架子由三十六名粗壮的大汉抬着,踩着鼓点游行演出。表演时,人山人海,喧声震天。

徐福东渡时,有人驾舟,也有人站在高高的桅杆上远望。20世纪50年代的表演中,童男端着茶壶,童女竟站在壶嘴上。每出戏中人物出场,或坐或跪或鹤立或相依或舒袖而舞,造型优美,表演高、奇、险、惊。"天河配"中,牛郎肩挑两个箩筐,里面各坐一个小孩子,与织女在喜鹊搭成的桥上相会。

随着时代的进步,信子节的内涵和外延也发生了变化。内容上,在突出怀念远去亲人的同时增加了文化色彩;时间上,也不再局限于甲子年。从1993年开始,在农历三月二十八日,千童镇举办千童信子节,每五年一次。

(二)江苏赣榆

赣榆地处连云港市北面,古属琅玡,现全县人口一百余万。赣榆县金山镇徐阜村（现改名为"徐福村"）相传系徐福故里。赣榆的徐福研究起步较早，依托淮海工学院、徐州师范大学和连云港市徐福研究所的支持，研究工作底气十足。

　　中国赣榆徐福节，1990年为首届。节日期间，来自海内外的徐福文化工作者聚集于赣榆，共同祭奠徐福。节日内容丰富，有在徐福庙举行的盛大的祭祀仪式；有精彩纷呈的环城民间文艺活动，如高跷、龙舞、跑驴等，令人应接不暇；还有徐福研讨会，来自日本、韩国及我国台湾、香港等地的宾客共追先贤，寻根问祖，促进了中外文化交流。

　　（三）山东龙口

日本前首相羽田孜在第七届徐福节开幕式上

山东省黄县地处胶东半岛西北部，1986年撤县建市改成龙口市，人口六十三万。龙口徐乡相传系徐福故里，元代史学家于钦的《齐乘》一书明确记录徐乡"盖以徐福求仙为名"。

龙口市徐福研究起步较早，1993年成立的中国国际徐福文化交流协会与龙口市徐福研究会，是当地从事徐福文化研究和推广的两大组织。龙口市把现存遗迹的保护和建设作为宣传重点，如黄河营古港遗址、纪木洞、徐母坟等。如今徐福故里徐乡已更名为"徐福镇"。

每年的徐福故里文化节都在徐公祠举行，重点展示龙口市徐福文化研究成果。此外，国际徐福学术研讨会、徐福故里民俗展等活动都为当地徐福信仰的研究与传播提供了很好的载体。

[叁]日本、韩国徐福东渡传说的民间信仰和风俗

（一）徐福东渡与日本

台湾学者在著作中认定徐福就是日本开国的神武天皇，并将其逐渐神化，奉为司农神、蚕桑神、纺织神、医药神、求雨神、温泉神、祖神等。日本人民会自觉地对他参拜，就连他的恋人阿辰也被神化为阿辰观音。

1. 昭和五年例行徐福大祭。

昭和五年（1930年）曾举行金立神社创立二千一百五十年的例行大祭，当时的情况大致如下：

上午十时，在神野町的三沟迎接从金立神社出发的神幸队伍

祭拜徐福

（队伍由金立神社的氏子和浮立队伍组成），寺町的氏子们走在队伍的最前面。

从三沟到草场经过唐人新町后在寺町休息，喝茶吃梅干，然后从寺町经过白山土桥、白山町、元町、吴服町、莲池町到达柳町，在八坂神社吃午饭。从柳町、材木町到今宿之间，浮立队伍缓慢地行进。过了今宿以后，速度稍微加快。经过北川副町枝吉到达光法。在这里，诸富町寺井的氏子和狮子舞的队伍会合后，由诸富町的氏子走在队伍的最前面，直到浮盃，在浮盃停留一夜。

　　第二天早晨从掬乘船去冲岛，在冲岛举行汲取海水的仪式，即把海水供在神舆上。仪式结束后返回掬，从掬返回金立神社的时候是由金立神社的氏子们走在最前面的。

　　神幸队伍的领队是金立神社的氏子总领世袭的。

　　2. 金立神求雨仪式。

　　金立神求雨仪式是自古流传下来的佐贺县金立山一带民众的求雨活动。活动没有具体的时间规定，根据天气变化而定。虽然不是例行五十年一度的徐福大祭，规模与例行大祭一样宏大。久旱不雨，农作物受到干旱威胁之时，金立山附近各村子的首领、宫总代部落的代表聚集在上宫祈祷三天三夜，不灵验则重复做三天三夜祈祷，直至第三次，若仍不灵验，则需要把神舆抬到冲岛。参加求雨的队伍，抬神舆的氏子们一律古装打扮，其他人都身着有花纹的法袍。

　　3. 御粥祭。

　　御粥祭是佐贺县金立山金立神社一年一度的祭祀徐福活动，举办时间为每年1月15日。传说徐福居金立山时传授农耕稻作、养蚕纺织技术给当地土著。他死后，

佐贺县的徐福长寿馆

徐福桥上画有浮盃的画

被尊为金立大权现，奉祀在金立神社。人们感念他的恩德，每年1月15日，用七种谷物熬成粥，奉献在金立大权现的神灵前，祈求保佑一年中风调雨顺，五谷丰登。日久成习，称为"御粥祭"。

4. 收获祭。

收获祭，也称"丰收祭"，是佐贺县金立山金立神社一年一度的祭祀徐福活动，举办时间为每年12月15日。

12月15日，金立山附近各部落的长老，将面田（专为供奉而用的谷田）收获的新谷精选后送到金立神社下宫，献于金立大权现徐福的神灵之前，表达感谢保佑之恩，并行祭拜之礼。祭礼结束后，当日各部落的居民全体集合举行活动。庆祝活动伴有各种民间艺术表演，并于午、晚两次会餐，十分热闹。

5. 童男山篝火节。

童男山篝火节是福冈县八女市一年一度的祭祀徐福活动，起于何年已不可考。为了感谢徐福的恩德，山内乡民每年1月20日在童男古坟前燃放篝火，举行童男山篝火节，以慰童男和徐福之灵。自20世纪50年代起，八女市川崎小学校担负起组织一年一度的童男山篝火节的重任。

2002年，八女市童男山篝火节组织得极为隆重，不但本市的中小学校师生、市民、公务员代表参加，而且邀请国内外徐福会派员前往。祭祀活动不仅燃放篝火、各界代表讲话，还有小学生精心准备、认真上演的日本纸芝剧《徐福的传说》。一个小学生不断地展示图片，十多个小学生按照图片内容齐声讲解徐福受秦始皇派遣、求长生不老药的故事。生动的画面，绘声绘色的表演，紧紧地吸引着观众，让人似乎回到二千二百年前的秦汉时期，无形中平添了对徐福及其后人的几分敬意。

6. 熊野御灯祭。

熊野御灯祭是熊野市一年一度的祭祀徐福活动，祈祷全年风调雨顺，举办时间为每年的2月6日。

每年2月6日夜晚，大约两千

熊野出土的秦半两钱

熊野的徐福古道

名青少年身着白色古装神服，每人手持一把松脂火把，集合在神仓神社前。八点左右，在神社宫司和众多长者的带领下，举行向徐福权现参拜祭礼等仪式后，一起点燃手中的松脂火把。一声令下，青少年便争先恐后地走下有五百多级石阶的参道，瞬间在山野的条条路上形成一条条火龙，气势壮观，吸引参观者数以万计。

7. 徐福供养祭。

徐福供养祭，是和歌山县新宫市一年一度的祭祀徐福活动，举办时间为每年8月中旬。其内容为感念徐福一行在新宫一带传授农耕稻作的恩德，将当年新产的五谷奉献于徐福的墓前。

8. 徐福万灯祭。

　　徐福万灯祭是和歌山县新宫市祭祀徐福的活动。这项祭祀活动是徐福供养祭的继续项目，举办时间为每年8月12日夜晚。徐福万灯祭是集民间灯火、文艺表演为一体的祭奠徐福的文艺形式。

　　9. 火花大会。

　　新宫市不仅举行全市性的火花大会（烟花晚会）祭祀徐福，而且有些郡、町、部落也采用火花会形式祭祀徐福，每年于8月下旬举办。

　　10. 神马渡御式。

　　神马渡御式，是牵着白色神马到徐福昔日在新宫蓬莱山的驻地恭请徐福权现降临的仪式。此项活动是奉祀徐福大权现的速玉大社主持的一年一度的例行大祭，举办时间为每年10月15日。

　　11. 丰年祭。

　　丰年祭是和歌山县新宫市速玉大社一年一度的祭祀徐福活动，举办时间为每年10月16日上午。速玉大社举行神马渡御式，将徐福神灵由新宫蓬莱山下的徐福祠请到速玉大社奉祀，就是为举办丰年祭和御船祭做准备。

　　12. 御船祭。

　　御船祭是和歌山县新宫市速玉大社又一项一年一度的祭祀徐福活动，举办时间为每年10月16日下午。这项祭祀活动与神马渡御式、丰年祭是互为依托的重要祭祀内容之一。

　　13. 徐福祭。

新宫的徐福祭，是新宫市祭祀徐福的传统节日。这个传统祭节历史久远，是当地人为祭奠徐福而设，传沿至今。

徐福祭一年一度，时间为9月1日。原祭祀地点在昔日的徐福宫，到近代改为在徐福墓前举行。一年一度的徐福祭于9月1日下午七时开始，至午夜十二点结束。筹备时间很长，资金由民间筹措和商贾富绅资助。参加表演的皆为青年男女，约两千余人，身着色彩鲜艳的特制古装，聚集于徐福墓前，在当地长者带领下献鲜花、食品等供品，行祭拜礼，然后在墓前空地上表演跳"盆踊"。

14. 交游节。

交游节，又称"情人节"、"相思节"，流传在东京湾外、地处太平洋的八丈岛和青岛上，是个男女交欢的节日。现在，两岛之间仍在

新宫的徐福公园

过一年一度的春季交游节，但内容已不大一样，已变成了以互通有无的商贸活动为主的节日。

15. 纺织祭。

纺织祭，也称"纺织神祭"，是山梨县富士吉田一带纺织业界一年一度的祭祀徐福活动，举办时间为每年的8月25日。当天，纺织业界的各方代表人士相约聚会，将当年的新丝奉祀于"纺织神"徐福的灵位前，集体举行祭拜大礼。然后以座谈会的形式恳谈徐福的恩德和发展计划等。会后集体聚餐，以示庆祝。

16. 氏神祭奠。

波田须的氏神祭奠，又称 "徐福祭"，是流传在三重县熊野市波田须一带的古老的祭奠活动。氏神，即族主之神。祭奠时间为每年农历十一月二十八日。由于这个时间往往与新年时间相重，后改为农历十一月五日举行。这项古老的氏神祭奠，据说已流传两千多年，从没间断。直到现在，虽然在习俗上有所简化，但仍然每年按时举办。这项活动被中外学者称为研究徐福一行在日本传授中华文明的"活化石"。

17. 捕鲸祭。

捕鲸祭，又称"渔业神祭"，流传于和歌山县新宫市三轮町和太地町渔港一带，举办时间为每年9月15日。

相传，此地的捕鲸和织网技术为徐福及百工所传。当年徐福带领当地土著人出海捕鱼，上船前都要举行祭祀活动，久而成习。徐福去世后，渔民们把他当作"渔业神"奉祀。祭祀中，人们把在捕鲸时的各种苦乐和鲸在海中的动作编成舞蹈娱神，由此流传下的"鲸鱼舞"成了祭祀活动的重要内容之一。

举办捕鲸祭的地点为新宫市三轮崎地方的八幡神社。届时，渔民们将新获鲸鱼的第一刀肉献于徐福神像前，表达庆祝渔业丰收的情感，感谢徐福传授捕鱼技术和保佑海上平安。祭祀活动结束后，人们跳捕鱼舞，尽情欢笑。

（二）徐福东渡与韩国

韩国的西归浦市专门建有徐福公园。

20世纪90年代，西归浦市政府每年9月末开始组织七十里庆典，主要是再现有关西归浦地名的各种传统表演，诸如徐福瀛洲探访、徐福过之、济州牧使巡历西归城，逐渐演变为西归浦市十三个洞、中小学、幼儿园、文化院、徐福协会、柑橘协会、青年会、妇女会、残疾人协会、海女协会等全市性的庆典行进和广场文化活动，成为济州岛春、夏、秋、冬二十余个庆典节会中最有特色的活动，把西归浦这个韩国最南端的滨海小城装扮得更加神秘、美丽。特别是1999年以来的五届，由于中国龙口徐福文化艺术团的加盟，使七十里庆典融入了国际性，中韩友好往来和文化交流使得庆典活动形式更加多样，内容更加丰富，韩国人民和各国观光者更加喜爱。

徐福国际学术会

徐福文化东亚细亚国际学术大会

韩国徐福公园内的徐福雕像

韩国徐福祭

韩国瀛洲山神祭

丰富多彩的徐福东渡传说文化

徐福东渡传说在早期以口头流传的形式传播，唐代以来，开始出现书面和口头并重的传播方式。自宋代以后，徐福东渡传说被各地的史志所记载。进入二十世纪七十年代以后，开始有了戏曲的传播形式。之后，由于新的传播媒介的不断出现，传说的传播形态日趋丰富，传播的空间也日益扩大。

丰富多彩的徐福东渡传说文化

与任何民间传说一样，徐福东渡传说在早期以口头流传的形式传播，从时间上看应是唐代之前。唐代以来，随着各种志怪小说的出现和与日本交往的频繁，开始出现书面和口头并重的传播方式，这其中也包括大量的诗歌作品。自宋代以后，地方志的修编渐成风气，徐福东渡传说被各地的史志所记载。从形态上看虽然没有脱离口头和书面两种，但在书面的记述上，无论是内容的详略还是流传范围的深广都要超过以往。进入20世纪70年代以后，开始有了戏曲的传播形式。之后，由于新的传播媒介的不断出现，徐福东渡传说的传播形态日趋丰富，传播的空间也日益扩大。

[壹]文学和戏曲形式的徐福东渡传说

1.口头文学。

在浙江沿海的慈溪、象山、岱山一带，有关徐福东渡传说的流布比较广泛，其形态以口耳相传为主。但从这一传说的结构看，绝大多数的传说都是讲徐福着手准备、打造船只、物色人员、选择港口，到扬帆东去不归。而对徐福东渡后到了何处，具体如何登岸、如何生活、如何与当地居民相融合的内容则少之又少。这大概与当时特定的历史条件有关。

　　口头文学虽然有直接、不受场地设备等条件限制的优点，但传播的空间却有着明显的局限。同时，由于传播者和被传播者各自的学识、素养、记忆力等各有差异，在传播的过程中难免发生局部的改变。如《徐福庙中感恩匾》和《徐福之福》说的都是徐福庙中一块匾额的来历，但在具体内容上却有着一定的差别。这就是口头文学在传播中的变异现象。

　　1995年2月，慈溪市对外文化交流协会编印《达蓬之路》一书时，从民间搜集到徐福东渡传说二十则，编入了书内。1999年10月，慈溪市徐福研究会与岱山县徐福研究会合作编印了《徐福东渡的

《徐福与象山》书影

故事》一书，收录了两地关于徐福东渡传说故事五十三篇。2001年6月，慈溪市三北镇（现为龙山镇）编印了《达蓬山的传说》一书，共有各类传说二十四篇，其中有徐福东渡传说二十篇。2008年12月，象山县徐福研究会编印《徐福与象山》一书，内有徐福东渡传说二十九篇。2009年12月，慈溪市徐福研究会编辑出版《达蓬山·徐福传说故事集》一书，共收录徐福东渡传说七十六篇。通过上述一系列的搜集整理、编印出版，使流传于民间的徐福东渡传说得到了完整的记录和保存。

2. 书面文学。

徐福东渡传说从口头流传到书面创作，并用长篇小说的形式出版，最早是1992年10月由山东省龙口市徐福研究会编印的《徐福传说》一书，该书作者赵胤祚采用章回体小说的形式写作，全书共十五章，并附有徐福历史遗迹十九篇。2005年，出版了三部相关长篇小说，分别是李艳祥的《徐福东渡》、于惊鸿的《徐福秘史》和戚天法的《徐福东渡》。戚天法的章回体小说《徐福东渡》还于2010年12月出版了韩文版。这部小说共四十章，是作者根据徐福东渡的多种传说并结合史料经艺术构思创作而成。中国徐福研究会理事、慈溪市徐福研究会顾问费志军在序言中写道："秦代徐福东渡，两千多年来在中日两国民间传说不绝于耳，文史记载传承不断。这一徐福热的出现是中日邦交正常化以后中日关系健康发展的产物，表达了两国人民珍惜历史、世代友好、互相学习、共同发展的愿望。"

除上述这些作品外，还有1996年金波创作的长篇小说《徐福演义》等。

这些书面作品的创作出版，使徐福东渡传说的流传空间得到了极大的拓展。在这些小说中，读者看到的不独是徐福与秦始皇之间斗智斗勇的较量，通过曲折的情节、人物的铺设、细腻的描写，展示了波澜壮阔的历史画面和错综复杂的角逐争斗，也让徐福这一人物形象从原来能说会道的方士变成了意志坚定、学识渊博的时代风云人物。

[贰]影视作品中的徐福东渡传说

将徐福东渡传说改编成戏曲和电视连续剧，是20世纪70年代以来兴起的又一传播形式。1978年，由韩义编剧、文化部直属的红旗越剧团演出的八场古装剧《东海传奇》在北京上演。2000年，山东省胶南县茂腔剧团上演了大型古装剧《徐福东渡》。1999年4月，由戚天法、张建军、陶和平编剧的十八集电视连续剧《徐福东渡传奇》由浙江省电视剧制作中心拍摄完成，并在电视台播映。1997年6月，由荣开智、唐宋元、成东方合编的二十集电视文学剧本《徐福》由中国广播电视出版社出版。1998年6月，日本千叶县玉真美会歌舞团创作编排了歌舞剧《徐福寻踪》并来慈溪演出，慈溪也组织了部分人员与日本演员同台献艺。这一活动是为中日友好条约签订二十周

儿童古装电视剧《徐福东渡》

年而专门举办的。

由李小农、张建强编写的剧本《徐福东渡》于2008年在江苏《剧影月报》第4期上发表。2011年4月，由渔文化（宁波）发展有限公司投资拍摄的儿童古装电视剧《徐福东渡》在象山县影视城开机，同年公映。2012年拍摄的电视片《徐福与象山》已译成中、日、韩三国文字。

通过上述这些演出、拍摄播映和剧本的出版，使徐福东渡传说的传播形态更趋多样化，受众面更广，传播的空间更为广阔，传播的途径也从口头和书面两种上升到舞台艺术和影视艺术的层面，其手段也更具综合性和现代化。

[叁]其他艺术形式的徐福东渡传说

1986年2月，由金跃文、郑朋创作的《徐福的故事》在《中国画报》上刊出，因该画报有十九种文字的版本在国外发行，使得传播的空间大大扩充。2010年10月，慈溪市徐福研究会编辑出版了连环画《徐福东渡的故事》，由浙江人民美术出版社出版。该画册由王迪任主编、杜立岗任副主编，由方印华撰文、沈醉绘图，出版后受到了中小学生的欢迎，于2011年4月再版。

　　1995年春，由浙江电视台拍摄的专题片《达蓬寻踪》在日本举行的浙江电视活动周上播放。2009年9月13日，浙江卫视在"浙江文化地理"专题节目中播放了第一集《寻舟》，将浙江的河姆渡文化与徐福东渡传说相结合，成为浙江地域文化寻踪觅迹的开篇之作。

连环画《徐福东渡的故事》

徐福东渡传说的保护与传承

随着徐福东渡传说被列为第二批国家级非物质文化遗产名录，对于徐福东渡传说保护的相关工作也逐步开展起来。但是不可否认，随着时代变迁和现代化进程的日益推进，徐福东渡传说也在各个方面受到了冲击。

徐福东渡传说的保护与传承

[壹]徐福东渡传说的价值与影响

徐福，是文化传播、交流的先驱者。徐福东渡不仅是中国航海史上的一件大事，也是世界航海史上的一件大事，充满了神秘色彩。徐福从象山起航东渡至日本，传播汉文化，他所代表的文化，是有容乃大的中华传统文化，是象征和平、文明、友好的文化。因此，徐福东渡在中、日、韩文化传播与交流的历史上占有重要地位。徐福东渡传说是对这段传奇历史强有力的佐证，并且具有较高的价值，主要体现在以下几个方面。

1. 文化价值。徐福东渡传说内容丰富，不仅有较强的地域文化特色，反映了象山、慈溪的海洋、海岛文化，而且还反映了我们祖先寻求海外世界、探索海洋秘密的愿望。同时，徐福东渡传说为民间文学艺术创作提供了丰富的创作素材，千百年来涌现出了许多民间散文、诗歌、绘画和雕塑，使徐福东渡传说世代相传，是我国民间文学艺术宝库中的瑰宝。

2. 历史价值。徐福东渡在历史上的重要性和意义，不亚于郑和下西洋。两千多年前，徐福为了摆脱秦朝苛政，寻求蓬莱仙境，建立理想乐士的政治愿望，组织力量举行大规模的探险活动，完成了东渡日本的历史奇迹。

3. 科学价值。徐福东渡传说是发生在秦代的一次规模空前的移民潮。将现有的史料结合民间传说的发掘整理并加以综合研究，不仅可以拓宽中日关系史的研究领域，还可以更加系统、全面地梳理中国移民史发生的原因、特点及漂移的路线、规律。深化徐福东渡的研究，能够弥补秦代史研究中的不足。其次，各地众多的遗迹和传说为田野调查提供了丰富的资源，可以从历代纷然杂陈的传说中勾勒出徐福东渡的大致轮廓，逐步还原这一历史事件的本来面目。其三，世间的万事万物，都是在特定的时间和空间产生并发展，徐福东渡传说的产生也不例外，这就使得该传说纳入历史地理学的范畴之内。如徐福的多地起航就属于这一范围。其四，在文化的传播和交流方面，该传说也同样有着无可替代的作用。文化传播是人类文明史的重要内容，从水稻种植到耕作技术，从手工技艺到养蚕缫丝，从医术医药到汉字认同，在古时的东南亚和东北亚地区曾形成一个文化圈，这与徐福东渡是否有着直接的关系，已成为了一个热门的话题。

徐福东渡的传说，在自然科学领域同样有着令人瞩目的价值。首先，徐福东渡的唯一工具是船，这就涉及到古代的船舶制造史。徐福当时渡海所用的船究竟有多大，是个什么样子，难以考证。但早在1975年时，美国的潜水员曾在洛杉矶附近海底发现了一块重达二百五十多公斤的石锚，据测定是距今两千多年前的实物，其石质与中国东部沿海地区的石质相一致。从这一巨型石锚可以推测当时船舶的大小。其次，古代海船无任何机械动力，远途航行靠的是季候风和海流黑潮。在民间传说中，山东、江苏一带的徐福东渡在农历的十月十九日，因为这一季节正是西北风劲吹之际，有利于船队由西向东航行。而在慈溪、象山、舟山一带，民间传说徐福东渡在农历的三月或四月间，这是由于在这个时节东南风最为常见，是借助风力向东北方向航行的最佳时机。除了季候风之外，还有一股暖流，也称为"黑潮"，在每年的四五月份时开始从台湾东部海面北上，到冲绳岛后分为两支，一支进入东海，另一支继续北上至朝鲜海峡进入日本地区。这就引发了学术界对徐福东渡时间上的讨论和对古时海洋学、气象学的研究。

[贰]徐福东渡传说的保护与传承

（一）徐福东渡传说的保护

随着徐福东渡传说被列为第二批国家级非物质文化遗产名录，对于徐福东渡传说保护的相关工作也逐步开展起来。但是不可否认，随着时代变迁和现代化进程的日益推进，徐福东渡传说也在各个方面受到了冲击。

1. 口述传承濒于失传。

传承人老化，新一辈传承人不能及时跟上，加之现代社会丰富多彩的娱乐形式，电视、网络等媒体的不断冲击，造成年青一代对传说的兴趣缺失。通过口传心授形成的徐福东渡传说面临严重危机，对徐福东渡传说的传承和研究后继乏人。由于传承人的不断离世，大量有关徐福民间传播的故事濒于失传。

2. 传说遗迹不断受损。

传说依附的物质环境受到严重破坏。如在象山，唐时蓬莱山（今丹山）上的蓬莱观，历史上屡建屡圮，如今遗址上建造了校舍。石屋里的丹灶已圮。大雷山上的秦始皇庙遗址，由于年代久远，已沉没于水库库底。蓬莱山下的炼丹亭在1958年遭火焚。拢船境周围，唐时的海港、海滩由于沧桑巨变已成南庄平原，建造了民宅。遗址面临消失，因此亟须发掘、考证。对蓬莱观、炼丹亭、丹灶等遗迹

拢船境现状

如今的丹井

亟须立碑，重建复原，以资纪念。

3. 文献资料遭到毁弃。

历史上民间保存的大量有历史、文化价值的徐福东渡传说的民间文学作品，在战乱中和政治运动中不断遭到毁弃。如象山县的唐代"蓬莱观碑"，根据文献资料记载，此碑为唐代著名书法家贝冷该手书，宋《宣和书谱》收入，确认为"御府所藏"。后因变乱，此碑失踪，清乾隆三十四年（1769年），邑人于蓬莱山下掘土时再次发现，教谕孙鲲化登山起之，移立于县明伦堂左。此碑现在下落不明。

4. 信仰、风俗日益缺失。

在日本和韩国，徐福具有很高的地位，被奉为祖先神、行业神，

日本佐贺县代表团访问慈溪

受到当地人民的爱戴。相比而言，在中国，徐福信仰的普及程度并没有如此之高。即使多地建有徐福庙，其地位并不如传统中国民间信仰对象中的其他神仙。

随着现代化的不断侵蚀，年青一代对徐福信仰的认识已经大不如前。对徐福信仰的日益缺失，也造成民间保护热情的低落。随着老一辈信奉者的离世，徐福信仰的传播也面临失去动力的危险。

（二）徐福东渡传说的传承

1. 慈溪。

（1）保护传承情况。

慈溪市的保护工作起始于三十年之前。从20世纪80年代在达蓬山上发现多处遗迹并征集到几则徐福东渡传说后，于90年代进行了

慈溪少年听老人讲徐福东渡的故事

全面的搜集和整理，使那些濒临失传的传说与故事得到了抢救性的保护。主要保护措施有以下八项：

一是将画像石刻申请为文物保护单位，并采用围栏、盖棚等手段以防止雨水冲刷和人为破坏。

二是在搜集整理的基础上，编印出版了传说故事专集，用文字的形式留存。

三是在达蓬山旅游开发过程中，辟出专门展馆，用文字、图片、实物相结合的形式介绍徐福东渡的历史背景、传说的形式、东渡的航海路径等，并将这一展馆作为传说保护和传承的基地。

四是编印画册，宣传和介绍徐福东渡的作用与意义。其中2010年10月出版的连环画，既是一项保护措施，也是一种传承手段。

　　五是培养和物色传承人。到目前为止,原来的讲述者大多已去世,即便在世者也因年事已高而无法讲述。在此情形下,首先确定了两位口述者作为传承人。其中一位原来就是村里的故事员,这样可使传说的口头流传不至于中断。在此前提下,将连环画发送到各学校,让广大学生熟悉、了解徐福东渡传说,同时将举办以徐福东渡为主题的各种故事演讲活动和演讲比赛,使这一传说能深入群众,家喻户晓。

　　六是充分运用现代化设备,将徐福东渡传说用录音、录像等形式加以保存。

　　七是不定期举办活动,如徐福文化节、祭天仪式、起航仪式等,再现当年徐福东渡的场景,引起各界人士的关注和重视。

　　八是借助日本友人须田育邦在龙山镇田央村创办的徐福纪念馆,并以此为纽带,扩大对外文化交流,集中中外有关徐福研究的资料,最后形成一个为国内外所瞩目的徐福研究和传承基地。

　　从现状看,慈溪在保护和传承上采取了很多办法,也取得了一定的效果,但要做到真正意义上的保护,还是有几分隐忧。一是虽然确定了两位传承人,但均已是六十多岁的老人,在他们之后是否能找到合适人选还没有把握。二是传统的故事演讲形式在农村还有一定的听众,随着各地城市化进程的加速,这一类的故事演讲将会因失去听众而自行消亡,这一结果的必然性让人深感不安。虽然我们已经有书籍和各类音像制品加以保存，但与原生态的传说相比，还是有一定距离的。三是当今的影视剧改编，从某种程度而言，对传说的弘扬和发展有一定的积极作用，但由于改编者的意图不一，尤其是那些总想把原来的传说加以颠覆，对于历史一心想去玩穿越者，他们凭空想象，胡编乱造，所带来的结果是传说的异化直至消亡，这绝非危言耸听，而是已有前车之鉴。

（2）慈溪徐福东渡传说传承人介绍。

黄知言，男，出生于1948年1月。慈溪市徐福研究会会员、慈溪市文联龙山作协理事、慈溪市文联龙山戏曲协会顾问。国家级非物质文化项目徐福东渡传说代表性传承人。从小耳濡目染诸多有关徐福东渡的民间故事，特别是在老一辈民间艺人的辅导、传授下，对徐福东渡的历史及相关史迹有了更为明晰的了解，并开始了进一步的调查、走访，对达蓬山上的徐福东渡遗址了如指掌，对其出处及典故亦如数家珍。在此基础上，积极发掘整理徐福东渡史料，以使其更详细、更完整，并得以传承。作品有：新编历史剧《东渡迹》、歌舞剧《徐福魂》等。

2. 象山。

（1）保护传承情况。

象山县的徐福研究工作虽然起步较迟，但进展较快。2007年11月成立象山县徐福研究会，2008年徐福东渡传说申遗获批，被列为

象山县蓬莱阁内安置徐福神像

第二批国家级非物质文化遗产名录。在不到四年的时间里，象山县搜集整理了一大批徐福东渡传说的珍贵文史资料，出版了理论文集《徐福与象山》，并参加了全国各地乃至日本、韩国的徐福文化研讨活动。

徐福在象山"隐迹两年"，一方面休养生息，蓄势待发，另一方面不断探索周边海岛，甚至多次往返象山和舟山群岛（岱山）之间，这对其东渡的成功至关重要。并且，象山的徐福隐迹文化是独一无二的文化资源，至今在象山境内留下了许多遗迹和传说。对传说遗迹的保护，既是对徐福东渡传说原真性、整体性的保护，也能保护徐福东渡传说的文化生态，使传说的传承充满活力。在四年时间里，当地在保护传说遗迹、搜集整理传说文本、向当地居民宣传徐福传说、让徐福文化深入校园等方面做了大量的工作。

①竖碑立像。

参考日本佐贺、新宫、熊野等地的做法，象山县在彭姥岭古道处立碑，定名为"徐福古道"；在船倒山、黄溪渡、拢船境等处立碑，介绍徐福船队登陆靠埠的情况；在丹井、石屋山、大雷禅寺等处立碑，介绍徐福一行的炼丹和行止情况。恢复、修建传说遗迹，可以更大程度地保护徐福东渡传说的文化生态，营造身临其境的徐福隐居氛围，激发传说流传的活力。

②重刻唐碑。

唐代重修蓬莱观时留下的《蓬莱观碑铭》，是记录徐福在象山隐迹的最早的权威史料，国内迄今尚未发现更早的有关徐福的古碑。此碑在清代即被认为是历史瑰宝，专门修建宝贝亭保护它，可惜现已不存。2012年，重刻唐碑终被提上议事日程，同年9月完工。

③重建蓬莱观，打造徐福隐迹养生地。

蓬莱观"观名焉自福"，是徐福隐迹之所。重建蓬莱观，既是象山民众的呼声，也是保护徐福隐迹文化的必需。整个工程根据历史遗留重建，包括老君殿、玉皇殿、财神殿、文昌殿、真武殿、雷祖殿、祖师殿、土地堂、山门及养生休闲场所，总称为"徐福文化博物馆"。

④整体规划象山县徐福博览园。

为打造徐福东渡文化品牌，利用象山徐福隐迹文化、起航文化

象山县徐福文化博物馆重建蓬莱观大殿竣工庆典

的独有优越资源，整体规划石屋山和大目涂新城蓝图，突出彭祖养生、徐福隐迹、陶弘景炼丹的独特养生文化。合理利用徐福隐迹文化，转化文化元素为文化资源，发展旅游，也是非物质文化遗产进行文化创意的价值所在。

遵从非物质文化遗产保护"民间事民间办"的原则，引导社会团体对徐福文化进行保护与传承，做好政府与民间共同发力，各司其职，鼓励民间对徐福文化的热忱，才能真正将徐福文化保护工作顺利推进。

（2）象山徐福东渡传说传承人介绍。

盛鑫夫，男，1949年出生，中共党员，中学高级老师职称。祖籍浙江象山，世居徐福隐迹的象山县蓬莱山下。曾在象山中学任教，1994年9月调任象山县教育局教研室主任，2003年调任象山县教育工会副主席。是象山县第五、第六届政协委员，曾任象山县政协教育专委会副主任、象山县人民政府县长科技（教育）顾问。退休后担任象山县徐福研究会副会长兼秘书长，曾多次在日本、韩国、山东琅玡、江苏赣榆和浙江慈溪等地参加国际、国内徐福文化交流研讨活动，著有《徐福东渡研究概述》一书，由宁波出版社正式出版。

3. 共同合作保护开发徐福文化资源。

为做好徐福东渡传说的保护与传承工作，慈溪市和象山县的文化部门已成立了专门的机构，并制定了五年保护计划。这些计划的具体内容有：

（1）以达蓬山景区内的中国徐福文化园为依托，对徐福东渡的史迹陈列加以补充和完善。要充分利用景区游客较多的优势，在景区导游员的讲解中进一步充实徐福东渡传说的内容，使这一传说更加丰满和完整。

（2）为使实景实物资料的保存更为完整和系统，同时也为了使慈溪、象山两地的资料能相互借鉴和补充，将采用图片和音像的手段制作一套专门的资料加以留存。在音像资料的记录中，配以说明和解释，使后人对这些遗址、传说有全面的了解。

（3）用举办文艺活动的形式来促进保护和传承。设想每两年举办一次徐福文化节，每一年举行一次故事演讲会，从而达到徐福东渡传说不被遗忘、不受冷落的目的，并且可以从故事演讲中找到理想的传承人，使该传说不因讲述者的断层而中断流传。

（4）加强研究工作。要充分发挥慈溪、象山两地徐福研究会的

象山县专家学者座谈徐福文化

优势，进一步拓展视野，借鉴日本、韩国对民间传说研究的成功案例，使研究工作成为保护和传承的一个重要环节。

（5）要继续做好徐福东渡传说的征集工作。由于该传说的特殊性及因为历史原因曾一度中断的情况，估计在民间尚有未被发现的传说，这项工作已十分迫切，当及早开展。

（6）要研究开发与徐福相关的新产品。从旅游景区所需的工艺品、纪念品入手，同时要开发与徐福养生有关的菜肴和食品。日本佐贺县徐福会原会长村冈央麻就曾发起制作长寿糕、不老饼等小食品的活动，在日本很受欢迎，并且每次来中国时，他们都把这类小食品当作礼品赠送。而慈溪、象山等地旅游景点丰富，游客人数较多，但徐福长生酒、徐福茶这类旅游产品目前还是空白，有很大的发展空间。

参考书目

1. 汪向荣,《古代中日关系史话》,中国青年出版社,1999年2月;

2. 山东省徐福会、龙口市徐福会合编,《徐福研究》,青岛海洋大学出版社,1991年7月;

3. 〔日〕饭野孝宥,《弥生的日轮》,光明日报出版社,1994年10月;

4. 罗其湘,《徐福考论》(内部出版),2000年5月;

5. 慈溪市对外文化交流协会,《达蓬之路》(内部出版),1995年5月;

6. 李连庆主编,《徐福热》(内部出版),2000年11月;

7. 山东省徐福会、龙口市徐福会合编,《徐福研究》,青岛海洋大学出版社,1998年8月;

8. 方毓强,《发现韩国》,上海文化出版社,2002年6月;

9. 郑一民,《东瀛圣迹考》,河北教育出版社,2002年4月;

10. 张良群主编,《中外徐福研究》,中国科学技术大学出版社,2007年10 月;

11. 郝慧民，《徐福研究纪事》，大众文艺出版社，2008年10月；

12. 方孟兆主编，《达蓬揭秘》，新华出版社，2008年2月；

13. 方印华主编，《达蓬山·徐福研究文集》，大众文艺出版社，2009年12月；

14. 方印华主编，《达蓬山·徐福传说故事集》，大众文艺出版社，2009年12月；

15. 张良群主编，《中外徐福研究》，中国科学技术大学出版社，2010年9月。

16. 中国国际徐福文化交流协会编，《徐福志》，中国海洋大学出版社；

17. 河北盐水县政协文史委编，《千童东渡》，光明日报出版社；

18. 张良群编，《中外徐福研究》（1–2集），中国科技技术大学出版社。

19. 高立宝，《秦汉赣榆县与徐福村落考》，《纪念徐福东渡二千二百周年——徐福研究论文集》，第178–185页，中国科学技术出版社，1991年10月。

责任编辑：唐念慈

装帧设计：任惠安

责任校对：朱晓波

责任印制：朱圣学

装帧顾问：张　望

图书在版编目（ＣＩＰ）数据

徐福东渡传说 / 盛鑫夫等编著. — 杭州：浙江摄影出版社，2014.1（2023.1重印）
　（浙江省非物质文化遗产代表作丛书 / 金兴盛主编）
　ISBN 978-7-5514-0512-6

　Ⅰ.①徐… Ⅱ.①盛… Ⅲ.①徐福—人物研究②中日关系—文化交流—古代③中朝关系—文化交流—古代
Ⅳ.①K828.9②K203③K310.3

　中国版本图书馆CIP数据核字（2013）第281409号

徐福东渡传说

盛鑫夫　　方印华　　郭竞　孙伟　编著

全国百佳图书出版单位
浙江摄影出版社出版发行
　　　地址：杭州市体育场路347号
　　　邮编：310006
　　　网址：www.photo.zjcb.com
经销：全国新华书店
制版：浙江新华图文制作有限公司
印刷：廊坊市印艺阁数字科技有限公司
开本：960mm×1270mm　　1/32
印张：5.5
2014年1月第1版　　2023年1月第2次印刷
ISBN 978-7-5514-0512-6
定价：44.00元